부자들의 부동산 투자기술을 훔쳐라

부동산 부자들의 투자기술을 훔쳐라

조재길 지음
(한국경제신문 부동산 기자)

경향미디어

같은 중소기업에 다니는 김민수 부장(45)과 최승호 차장(42). 두 사람은 6~7년 전 같은 고민에 빠졌다. 집을 어디에 마련해야 할지를 놓고서였다. 김 부장은 당시 전세 자금 8,000만 원에다 대출금 2,000만 원을 더해 서울 종로구에 28평형 아파트를 마련했다. 직장과의 거리를 고려한데다 대출금 부담을 최소화하려는 김 부장의 보수적인 스타일이 반영된 결과였다.

반면 최 차장은 전세 자금 7,000만원에다 대출금 6,000만 원을 합해 경기도 분당의 25평형 아파트를 샀다. 대출 이자가 만만치 않았지만 모험하지 않고선 지긋지긋한 전셋집이나 소형 아파트에서 평생 벗어나기 힘들 것 같았다. 최 차장은 2년 후 집값이 6,000만 원 뛰자 또다시 대출을 끼고 40평형 아파트로 갈아탔다. 결과는 어떻게 됐을까?

김 부장의 아파트값은 현재 1억 7,000만 원 선이다. 전세금 7,000만 원에 대한 기회비용과 대출금 2,000만 원에 대한 금융 비용, 그동안의 물가상승률 등을 감안할 경우 '평범한' 수준의 재테크다.

하지만 최 차장의 성적표는 화려하다. 대출금 1억여 원에 대한 이자 부담이 남아 있지만, 현재 시세가 7억 원을 호가하고 있는 점을 고려하면 차익만 5억 원을 남긴 셈이다.

이 같은 결과는 부동산에 대한 두 사람의 시각 차이에서 비롯됐다. 김 부장은 아파트를 '거주 공간'으로만 바라본 반면, 최 차장은 '투자 가치'

에 역점을 뒀다. 특히 최 차장은 분당이 강남 대체 효과와 판교 신도시 후광 효과를 누릴 것이란 점, 중대형 평형의 가격 상승 여력이 더 크다는 점을 간파해 '부자 아빠' 대열에 합류할 수 있었다.

금융 상품 하나를 고르는 것도 마찬가지다. '작은 지식'의 차이가 엄청난 결과를 가져오는 사례는 얼마든지 있다.

예를 들어 은행 창구에서 10년짜리 장기 예금 상품에 가입했다고 치자. A씨는 연 6%의 단리 상품에, B씨는 연 5.5%의 복리 상품에 각각 1억 원을 넣었다. 표면적으로 볼 때 A씨가 B씨에 비해 연 0.5%포인트 높은 금융상품에 가입한 셈이다. 하지만 결과는 상상 이상이다.

10년 후 A씨가 받을 이자는 6,000만 원인데 반해 B씨는 7,081만 4,000원으로 A씨보다 1,081만 4,000원 더 벌 수 있다. 액수가 많거나 기간이 길어지면 두 사람의 수익률 차는 더 벌어진다.

금리가 낮은데도 이자수익률이 높은 것은 바로 '복리의 마술' 때문이다. 장기 가입상품이라면 금리보다 우선 복리 여부를 따져볼 일이다. 만약 이 상품을 비과세나 세금우대로 가입했다면 금상첨화다.

재테크의 가장 큰 목적은 바로 '노후대비'다. 요즘처럼 '사오정' '오륙도'의 칼날이 매서운 시대에는 이런 재테크의 필요성이 더욱 절실한 법이다. 그래서 재테크엔 장기 플랜이 필요하다. '단타' 위주의 '투기 행위'와 구분되는 지점도 이곳이다.

그렇다면 노후 대비 재테크에 성공할 수 있는 가장 빠른 방법은 무엇일까. 취재 현장에서 만났던 수많은 재테크 고수들의 사례를 분석해 보면서 하나의 공통점을 발견할 수 있었다. 바로 '부자들의 투자 공식'을 따랐다는 사실이다. 이 공식은 가장 빠르면서, 가장 안전한 방법이기도 하다. 재테크로 돈을 모은 부자들이 구체적으로 어떤 방법을 동원했는지를 연구하는 것은 그래서 항상 유효하다.

이 책은 사업이 아닌 재테크로 '부자' 반열에 오른 고수들을 직접 인터뷰해 만든 것이다. 책을 읽다 보면 일반인의 상식을 깨는 부자들의 '구전(口傳) 비법'을 발견할 수 있을 것이다. 각 장마다 실명(일부는 가명)으로 등장하는 인물들의 투자 노하우가 고스란히 담겨 있다.

이와 함께 재테크 초보자들이 필수 가입해야 할 금융 상품과 재테크의 기초 상식을 넣어 독자들이 '돈 모으기 - 돈 불리기 - 돈 굴리기'로 이뤄지는 재테크의 전 과정을 이해할 수 있도록 했다. 독자들이 알기 쉽게 곁들인 풍부한 사례들이 큰 특징이다.

2006년 경제부총리가 '피그말리온 효과'를 언론에 소개한 적이 있다. 피그말리온이란 젊은 조각가가 자신이 만든 여인상이 너무 아름다워 조각과 사랑에 빠졌는데, 이를 본 미의 여신 아프로디테가 조각을 살아있는 여인으로 환생시켜 줬다는 그리스 신화다.

정부 정책에 대한 신뢰를 당부한 말이었지만, 재테크 측면에서도 새겨들을 만한 내용이다. 부자가 되겠다는 강렬한 열망이 있다면 이미 절반은 성공한 셈이다. 나머지 절반을 찾아 안갯속을 헤매고 있는 재테크 초보자들에게 이 책이 방향타의 역할을 해 주길 기대한다.

2006. 11

조재길 지음

추·천·하·는·말

▶▷ **고종완**(RE멤버스 대표)

숨어 있는 재테크 실전 고수들의 이야기 구조에 푹 빠져 있다 보면 자연스럽게 그들의 노하우를 전수받게 된다.

▶▷ **임달호**(현도컨설팅 대표)

매일 변화하는 투자 환경에 어떻게 적응하느냐가 재테크 성패를 좌우한다. 부자끼리만 공유하고 있는 투자 기술을 낱낱이 파헤친 책이다.

▶▷ **박상언**(유엔알컨설팅그룹 대표)

어렵고 멀어 보이는 재테크를 발로 뛰는 기자의 눈으로 재해석한 점이 신선하다. 돈 벌려면 부자에게 점심을 사라는 말을 되새겨볼 만하다.

▶▷ **고준석**(신한은행 부동산재테크팀장)

노후 대비의 비책이 이 책에 담겨 있다. '물고기' 대신 '물고기 잡는 법'을 확실하게 가르쳐 준다.

▶▷ **김인응**(우리은행 강남교보타워 PB팀장)

필자가 수 년간 발로 뛰며 모은 사례들이 재미있게 엮여 있다. 읽으면서 지루하지 않다는 것도 큰 미덕이다.

차례
contents

프롤로그 | 4
추천하는 말 | 7

부자들만 아는 재테크비법을 훔쳐라

돈 버는 습관이 부자 만든다 | 12
이삿짐 자주 싸라 | 22
'돈을 사랑한다'고 외쳐라 | 27
부자는 돈 많아도 지렛대를 활용한다 | 33
처음부터 이기고 시작하라 | 39
1주택자 비과세 혜택을 활용하라 | 45
오르는 부동산은 이미 정해져 있다 | 52
'부처님 손바닥'인 곳만 투자한다 | 58
제도용 컴퍼스를 재테크에 활용한다 | 64
고민하고 또 고민하고 | 72
최상층 펜트하우스만 노린다 | 81
택지지구 투자는 불패신화 | 84

1층도 전략만 잘 짜면 대박난다 | 89
부자들 알고 보면 금융 박사 | 93
현금이 아닌 경제 교육이 부자 만든다 | 98
토지 개발 계획은 돈 다발 | 106
토지 보상지 주변은 항상 오른다 | 110
땅도 화장하면 이뻐진다 | 115
'들뒤 재테크'는 망하는 지름길 | 120
땅, 장기로 묻어 놓고 기다린다 | 126
이런 땅 절대로 피하라 | 131
이런 아파트 절대로 피하라 | 135

#02
부자들의 투자 기초지식을 훔쳐라

경매로 부자 되기 | 144
모델하우스 뜯어보기 | 150
부동산 제값에 팔기 | 156
발코니 제대로 확장하기 | 161
청약통장 가입하기 | 165
적립식 펀드로 목돈 만들기 | 171
은행 100% 활용하기 | 177
인생을 10년 단위로 쪼개라 | 183
연금 상품으로 행복한 노후 준비하기 | 190

부자들의 수익형부동산 투자법을 훔쳐라

개별형 펜션 | 198

해외 부동산 | 202

주말 농장 | 205

오피스텔 | 208

농가 주택 | 211

부동산 펀드 | 215

상가 주택 | 218

전원 주택 | 221

단지 내 상가 | 227

고급 빌라 | 231

#01
부자들만 아는
제테크비법을
훔쳐라

돈 버는 습관이 부자 만든다 | 이삿짐 자주 싸라 | '돈을 사랑한다' 고 외쳐라 | 부자는 돈 많아도 지렛대를 활용한다 | 처음부터 이기고 시작하라 | 1주택자 비과세 혜택을 활용하라 | 오르는 부동산은 이미 정해져 있다 | '부처님 손바닥' 인 곳만 투자한다 | 제도용 컴퍼스를 재테크에 활용한다 | 고민하고 또 고민하고 | 최상층 펜트하우스만 노린다 | 택지지구 투자는 불패신화 | 1층도 전략만 잘 짜면 대박난다 | 부자들 알고 보면 금융 박사 | 현금이 아닌 경제 교육이 부자 만든다 | 토지 개발 계획은 돈 다발 | 토지 보상지 주변은 항상 오른다 | 땅도 화장하면 이뻐진다 | '들뒤 재테크' 는 망하는 지름길 | 땅, 장기로 묻어 놓고 기다린다 | 이런 땅 절대로 피하라 | 이런 아파트 절대로 피하라

 ## 돈 버는 습관이 부자 만든다

"사업 초기 100만 달러를 버는 게 너무 힘들었다. 하지만 일단 이 돈을 벌고 나니, 돈이 눈덩이처럼 불더라." 그리스의 대부호이자 선박왕인 아리스토틀 오나시스가 한 말이다. 서 씨는 종잣돈의 중요성을 오나시스를 원용해 설명했다.

자수성가한 부자에겐 어떤 특별한 점이 있을까.

순수하게 재테크만으로 50억 원 가까운 큰돈을 번 서한수 씨를 서울 역삼동에서 가장 높은 건물인 스타타워 커피숍에서 만났다. 40대 초반인 그는 머리를 뒤로 잘 빗어 넘긴 모습이었다.

주식과 부동산이란 어찌 보면 상반된 재테크 분야에서 손대는 족족 돈을 만진 후로는 주변에서 그를 '마이다스의 손'으로 치켜세우고 있었다.

서 씨는 인사를 나눈 후 녹차라떼 두 잔을 손수 들고 왔다. 재테크 세미나에 자주 참석하고 돈 벌었다는 사람들 얘기도 많이 듣고 다니지만, 본인이 얘기하는 것은 지극히 싫어한다고 말했다. 말이 많으면 돈이 샌다고도 했다. 하지만 한 번 말문이 트이니, 두세 시간이 훌쩍 지나가 버렸다.

주식과 부동산을 넘나드는 재야의 고수답게 재테크 무용담이 무척 화려했다. 그동안 불가피하게 탈법 편법은 있었을지 몰라도 불법은 한 번도 해본 적이 없다고 강변하는 대목이 인상 깊었다. '무대 위의 규칙은 승자를 위한 것'이란 생각을 갖고 있었다. 따라서 성공한 사람이란 법을 잘 이용한 사람이라고 했다.

서 씨는 대학 졸업과 동시에 중견 제조업체에 취직했다. 입사 전 포장마차 아르바이트로 번 돈을 갖고 주식에 손을 댔다. 큰 재미를 보지 못하던 중 첫 번째 기회가 찾아왔다.

어느 날 오후 2시 50분, 평소 눈여겨보던 회사가 법정관리에서 벗어날 것이란 사실을 '우연히' 듣게 됐다. '법정관리 탈피' 발표가 이날 장 마감 후 이뤄질 것이란 얘기도 들었다.

서 씨의 가슴이 뛰기 시작했다. 즉시 증권사에 다이얼을 돌렸다. 모든 계좌 잔고를 털어 회사 주식을 매입했다. 이 종목은 다음 날 개장 직후부터 연일 상종가를 치기 시작했다. 소위 '대박'이 터진 것이다. 정보가 재테크의 '생명'이란 점을, 또 이 같은 생명을 사람이 다룬다는 사실을 절실하게 깨달았다.

서 씨는 이후 중요한 사람들을 '관리'하기 시작했다. 이런 버릇은 퇴사 후에도 이어졌다. 특히 몇몇 회사의 재무담당자 등 주요 정보를 다루는 사람들과 지금까지도 두터운 친분 관계를 유지하고 있다. 명절이나 기념일 때마다 이들에게 꼬박꼬박 선물을 보내주곤 한다. 이를 통해 일부 회사의 '자사주 소각'과 같은 대형호재를 누구보다 빨리 알 수 있다.

주요 관리 대상 중에는 의외로 '대리급' 직원들도 적지 않다는 게 서 씨의 귀띔이다. 그들은 임원들을 대신해 주요 정보를 타이핑하는 사람들이기 때문이다.

서 씨에겐 한 가지 특이한 '원칙'이 있다. "절대로 손절매를 하지 않는다"는 것이다. 지금까지 단 한 번도 손절매한 적이 없다는 게 서 씨 얘기다. 주식 투자로 손해 본 적이 없다는 뜻이다. 운이 좋았다고 설명하지만, 핵심 정보와 정보 분석 능력 덕분이다.

서 씨는 평소 주식 투자를 하면서 한 가지 확신을 갖게 됐다. 증권사 직원들이 추천하는 종목엔 절대로 손을 대지 않는다는 것이다. 경험상 증권사 추천 종목의 경우 최고 20% 가량 상승할 수 있지만 80% 이상 곤두박질치기 일쑤란 점을 배웠다.

이론도 믿지 않는다. 양봉이니 골든크로스니 하는 각종 이론이나 차트는 참고 자료일 뿐이란 것이다. 차트를 맹신하는 사람 치고 10% 이상 이익 내는 걸 못 봤다는 게 서 씨의 설명이다.

향후 주가를 섣불리 예측해서도 안 된다고 강조했다. 증권업계에서 잘 알려진 M사의 박 모 사장을 일례로 들었다. 박 사장은 종목 추천을 의뢰받으면 "첫째, 삼성전자 주식을 사라. 은행 이자보다 낫다. 둘째, 지금은 주식 살 때가 아니다"란 두 가지 답변을 내놓는다고 한다. 향후 주가 움직임을 알아맞히는 사람은 '무당' 밖에 없을 것이라고 믿고 있다.

서 씨는 소위 '전문가'의 말이라면 곧이듣지 않지만, 신뢰할 만한 주변 사람 말이라면 그냥 흘려보내지 않는다.

수 년 전 일이다. 서울 명동에서 길을 가던 중 우연히 회사 동료와 마주쳤다. 평소 과묵한 친구였는데, 이날따라 흥분한 채 "무조건 돈 좀 빌려 달라"고 부탁했다. 주식 투자 목적이었다.

뭔가 '감'이 왔다. 이 친구의 평소 성격을 잘 알던 서 씨는 돈을 꿔 주면서 '친구 따라 강남 가는' 심정으로 자신도 투자했다. 그것도 여윳돈을 모두 쏟은 '몰빵' 식이었다. 당시엔 큰 모험일 수밖에 없었다. 해당 종목은 이날 5% 가량 하락했다. 하지만 기다렸다.

다음 날부터 변화가 시작됐다. 무서운 기세로 상승 반전했다. 특별히 재료는 없었다. 다만 그 다음 날도, 또 그 다음 날도 상한가였다. 이 종목은 이후 46일 동안이나 상한가 행진을 계속했다. 중간에 하한가를 두 번 맞았지만 팔지 않았다. 뒤늦게 알고 보니 작전 세력이 개입해서 주가를 인위적으로 끌어올린 것이었다. 친구는 이 정보를 미리 알고 선투자에 나섰던 것이다.

이후 서 씨는 여의도의 한 카페에서 친구 세 명과 '몰빵 클럽'을 결성했다. '될 만한' 주식에 단타를 쳤다. 당시 서 씨가 '재테크의 귀재'란 소문이 퍼져 있었기 때문에 주변 친구나 직장 동료들이 5,000만~1억 원씩 돈을 맡겼다. 모인 돈은 자그마치 70억여 원이었다.

당시엔 공모주 투자가 매력적이었다. 기술력 있는 회사들이 기업공개(IPO)를 많이 하던 때였다. 서 씨는 공모주 투자를 하기 전 해당 회사의 기술연구소를 반드시 방문한다는 원칙을 세웠다. 연구소가 향후 회사 흥망을 가름한다는 믿음에서다.

모 기업의 '기술연구소'를 가보니, 철조망 속에서 개가 뛰어다니기도 했다. '무늬만 연구소'를 내세운 기업들이 투자자들을 속이는 사례가 비일비재했다.

　서 씨의 주식 투자 실적은 화려했다. D포털사이트 주식을 공모가(1만 원)에 사서 43만 5,000원에 팔았고, J미디어 주식을 3,000원에 매입한 뒤 13만 4,000원에 매도했다. H소프트의 경우 4만 원에 대량 매입해 104만 원에 팔기도 했다. 모두 대박이었다.

　서 씨는 우리나라에선 눈에 뻔히 보이는 투자 기회가 도처에 널려 있다고 강조했다. 예를 들어 조류독감 파동이 발생했다고 하자. 그러면 당장 닭 관련 산업 주가가 곤두박질칠 것이다. 하지만 사람들이 평생 닭을 먹지 않을 수는 없는 노릇이다. 주가는 곧 회복하게 마련이다. 저평가돼 있을 때를 노려 닭 관련 종목에 투자하면 손쉽게 돈을 벌 수 있다.

　조류독감이 발생하자마자 수산주에 투자하는 것도 한 방법이다. 닭 대체상품(생선)이 잘 팔리면 관련 종목은 수혜를 입게 마련이다. 서 씨는 "조류독감 때문에 수산주가 오르는 희한한 나라이지만, 말이 안 되도 돈만 되면 좋은 것 아니냐"고 반문했다.

　'치고 빠지기' 식 투자로 그야말로 짭짤한 재미를 보던 중 지난 2001년 9월 초 기분이 왠지 찜찜했다. 순전히 '감' 만으로 주식에 투자했던 모든 돈을 현금화했다. 신기하게도 며칠 후 뉴욕에서 전 세계 주식 투자자들을 경악케 할 만한 사건이 터졌다. '9·11테러' 였다. 주식시세판이 시뻘겋게 물들었다. 시장은 한동안 다시 일어설 힘을 잃었다.

　서 씨는 한동안 주식에 손을 댈 수 없었다. 주변에서 많은 투자자들이 한순간에 무너지는 것을 보고 '주식은 리스크가 크다' 는 사실을 다시 한 번 절감했다. 자연스럽게 부동산으로 눈을 돌렸다.

어느 날 저녁, 선배를 따라 강북의 재개발 지역 주택촌을 찾았다. 선배는 수천만 원의 현금 뭉치를 들고서 하룻밤 사이 여러 채의 주택 매매 계약을 체결하는 것이었다. 희한한 광경이 아닐 수 없었다.

하지만 의문은 며칠 뒤 풀렸다. 이 지역은 구청 인허가를 받아 숙원이던 재개발 사업이 본 궤도에 오르게 됐다. 허름한 주택 가격이 금세 두세 배 급등한 것은 물론이다. 정보를 미리 알고 있던 선배가 미리 투자했던 것이다. 역시 '정보'였다. 부동산이 다시 보였다.

또 다른 선배는 상계동과 중계동의 분양 현장을 찾아 계약금만 주고 아파트 수 채를 한꺼번에 계약했다. 미분양이 쌓여 있던 때였다. 수개월이 지나자 부동산 시장의 흐름이 상승세로 돌아섰고, 미분양 아파트 한 채당 1,000~2,000만 원씩 프리미엄이 붙었다. 이 선배는 시장이 살아날 것임을 미리 예견했던 것이다. 돈을 벌기 위해선 남보다 한 발 빨라야 한다는 사실을 다시 배웠다.

한번은 건설 회사에 다니는 친구가 경기도 광주시로 시장 조사를 나간다기에 동행했다. 시행사가 아파트를 짓자고 의뢰한 토지의 사업타당성을 검토하는 조사였다. 큰 도로를 접하고 있지 않았지만 건설사에서 도로만 낸다면 땅값이 상승할 것이라고 판단했다. 그 자리에서 계약금 1,000만 원을 걸고 주변 땅을 매입했다. 아파트 부지로 확정되고 나니 땅값이 순식간에 두 배 이상 뛰었다.

서 씨는 이후 부동산 현장을 누비기 시작했다. 특히 우리나라에서 돈을 벌기 위해선 '부자들이 무엇을 가장 원하는가'를 고민해야 한다고 생각했다. 돈이 부자들을 따라 움직이기 때문이다. 부동산에 투자할 때

'좋은 물건'에만 손을 대는 버릇도 그래서 생겼다.

그가 지금까지 거래한 아파트는 이촌동 LG한강자이, 여의도 대우 트럼프월드와 금호 리첸시아, 한강로 벽산 메가트리움, 대치동 타워팰리스 등 그야말로 특급 주거 단지들이다. 또 50평 이상 대형 평형에만 손을 댔다. '부자들이 원하는 상품'은 언제나 큰 투자 수익을 안겨주었다.

서 씨는 주말이면 어김없이 모델하우스나 고급주택을 구경 다녔다. 굳이 사지 않더라도 '보는 눈'을 기르는 데 도움이 되기 때문이다. 중개인에게 가격을 물어볼 때도 건성으로 임하는 법이 없었다. 당장 계약할 것처럼 얘기해야 '실제 가격'이 나올 수 있다. 모델하우스를 둘러볼 땐 반드시 디지털카메라로 사진을 찍었다. 주택의 특징과 사진을 자료로 만들어 노트북에 모두 저장했다.

서 씨는 중개업자들을 상당히 신뢰하는 편이다. 일단 '이론가'가 아니기 때문이다. 중개업자 가운데는 실전 고수도 꽤 많다.

부동산 투자를 할 땐 '실거주 목적'과 '투자 목적'을 명확히 구분해야 한다는 게 서 씨 설명이다. 투자 목적이라면 '부자들이 원하는 상품' 위주로 포트폴리오를 구성해야 실패하지 않는다.

그는 부동산을 '종합예술'로 이해하고 있다. 예를 들어 상가 투자에 성공하기 위해선 젊은이들의 라이프스타일에 대해 잘 알아야 한다는 식이다.

"사업 초기 100만 달러를 버는 게 너무 힘들었다. 하지만 일단 이 돈을 벌고 나니, 돈이 눈덩이처럼 불더라."

그리스의 대부호이자 선박왕인 아리스토틀 오나시스가 한 말이다.

서 씨는 종잣돈의 중요성을 오나시스를 원용해 설명했다. 종잣돈을 모을 때까지 '검소함'과 '정신력'이 필요하다고 여러 차례 강조했다.

서 씨는 또 '투자 일지'를 빼놓지 않는다. 커다란 달력 위에 메모하는 것을 좋아한다. 경제 신문을 항상 정독한다. 고(故) 정주영 회장이 생전 "경제지를 6개월간 보니까 대학 교수와 얘기해도 꿀리지 않더라"라고 했던 대목을 상기시켰다.

서 씨는 성남 서울공항 이전 문제가 불거질 때, "아파트 분양하면 사야지"하고 기다리던 사람을 '최악의 투자자'라고 평가했다. 이전 문제가 일단 거론됐다면, 현지 길목에 선투자해야 한다는 것이다. 같은 이유로 판교 등 특급 주거지의 청약만을 기다리는 사람은 '순진하다'고 했다. 만약 판교 분양이 관심사라면, "주변 분당아파트를 살까?"하고 고민해야 돈을 벌 수 있다는 얘기였다.

몇 해 전 탤런트 이은주 씨가 자살하자 일반인들은 모두 '가십'에만 관심을 기울였다. 하지만 돈을 벌려면 이 씨가 살던 고급 아파트를 찾아, 자살 소문으로 가치가 떨어진 해당 주택을 얼마나 싸게 매입할 수 있을지 따져보는 게 순서라고 서 씨는 설명했다. 부자들은 아니, 적어도 부자가 되려면 달라도 뭔가 달라야 한다는 얘기다.

서 씨는 소위 '재테크 고수' 가운데 매우 독특한 사람이다. 한 번의 실패도 없이 손을 대는 족족 큰 이익을 남겼던 점이 그랬고, 불법만 아니라면 편법이나 탈법도 감수할 수 있다는 생각이 남들과 달랐다. 이런 점에선 선망보다 비판의 대상이 될 수도 있겠다.

하지만 투자에 대한 집중력만큼은 타의 추종을 불허할 정도였다. 기회가 왔다 싶으면 목숨을 거는 것처럼 투지를 불태웠다. 서 씨가 '상속 부자'가 아니라 재테크로만 50억 원 이상의 거액을 모을 수 있었던 결정적인 배경이다.

집중력의 첫 번째 조건은 물론 부지런함이다. 일반인들은 주식 투자를 할 때 신문 기사를 주로 참고하지만, 서 씨는 반드시 해당 회사의 연구소를 방문했을 정도니까, 부동산에 투자할 때는 더 말할 나위가 없다. 여러 번 꼼꼼하게 현장 확인을 하지 않으면 물건이 아무리 좋아도 섣불리 사는 법이 없었다.

서 씨는 주변의 모든 것을 자신의 재테크로 이용할 줄 아는 사람이기도 했다. 국내외 출장갈 일이 있으면 반드시 주택 시장을 둘러보고 데이터베이스로 정리했다. 여러 곳에 '사람'을 심어 놓고 정보가 오기를 기다렸다. 재테크가 곧 '인(人)테크'란 점을 간파하고 있었던 것이다.

서 씨의 부동산 투자 대상은 주로 '부자들이 좋아하는 상품'에 집중돼 있다. 우리나라에서 돈이 서민이 아닌 부자들을 따라 움직인다는 사실을 누구보다 잘 알고 있기 때문이다.

'부자들의 상품'은 불황을 잘 타지 않는 특성을 갖고 있다. 리스크가 작다는 얘기다. 하지만 한 번 상승세에 불이 붙으면 걷잡을 수 없다. 서 씨는 항상 '최고 좋은 상품'에만 손을 댔고, 일시 평가손이 발생하면 느긋하게 기다렸다. 서 씨와 같은 '명품 전략'은 우리나라에선 항상 유효하다. 다만 일반인들이 따라하기가 어렵다는 게 단점이라면 단점이다.

Key Point

현장 경험이 최고

서 씨도 그렇지만 부동산 투자로 돈을 모은 많은 부자들은 현장을 강조한다. 대기업에 다니는 박일환 씨(33)도 현장을 누비면서 목돈을 마련한 전형적인 케이스다.

박 씨는 남들이 하루 종일 낮잠을 자거나 TV를 보는 주말에도 쉬는 법이 없었다. 각 지역을 발이 붓도록 돌아다니며 투자분석서를 썼다. 가격이 많이 오른 아파트를 찾아 그 원인을 열심히 메모했다. 어떤 지역이든 골목골목 훤하게 알게 됐다. 어디에 아파트가 들어선다고 하면, 투자해도 될지 여부를 금방 파악할 수 있다. 수 개월이 지나자 조금씩 눈에 뭔가가 보이더라는 게 박 씨의 설명이다.

박 씨가 이룬 조그만 성공은 순전히 그의 '땀의 결과'다. 박 씨는 현장 공부가 얼마나 중요한지 여실히 보여주는 사례가 될 만하다.

박 씨가 로또복권 당첨자와 다른 점은 바로 이런 것이다. 단순한 낚시꾼이 아니라 고기 잡는 법을 알고 있는 강태공이기 때문에 더 큰 희망을 가질 만하다는 게 박 씨 설명이다. 역시 재테크에서도 부지런한 사람은 당할 수가 없는 모양이다. 박 씨는 입사 후 회사 자금 5,000만 원을 대출받아 아파트에 처음 투자했고, 첫 성공을 발판으로 약 5년 동안 10억 원 가량의 수익을 올릴 수 있었다.

박 씨의 나이가 많은 편이 아니지만, 사회 생활 출발이 비슷했던 친구들과의 재산 차이는 천양지차다. 박 씨는 "준비하지 않으면 기회가 와도 기회인 줄 모른다"고 강조한다. 이런 준비란 바로 '현장 경험'임은 두말할 나위가 없다.

이삿짐 자주 싸라

곽 과장은 여기서 멈출 생각이 없다. 대출금을 어느 정도 갚으면 더욱 넓은 평형으로 갈아타기를 시도할 계획이다. 이를 위해 이사를 몇 번 더 다녀야 할 수도 있지만 각오는 돼 있다. 최고의 노후 대비 재테크를 하고 있는데 이사 다니는 일쯤이야…….

S건설 홍보팀 곽예리 과장(34)은 결혼 6년 동안 일곱 번 이사한 끝에 강남 30평형대 아파트에 입성한 맹렬 여성이다.

곽 과장은 1999년 말 2년간의 열애 끝에 대기업에 다니던 현재의 남편과 결혼했다. 당시 예비 부부가 갖고 있던 현금은 5,500만 원, 대출 1,000만 원을 보태 6,500만 원짜리 전셋집을 찾아 나섰다. 전셋집은 뭐니뭐니 해도 출퇴근 접근성이 좋아야 하니, 지하철 역세권에 있는 아파트면 적당할 것 같았다. 강남권에서 멀리 벗어나고 싶지도 않았다. 곽 과장의 주요 '활동 무대'가 강남권이었기 때문이다.

우선 지하철 3호선이 닿는 옥수동에 가 봤다. 당시 이만한 전세 자금으로는 산 꼭대기에 있는 다세대 주택밖에 구할 수 없었다.

송파구를 찾았다. 8호선이 생기면서 역세권으로 바뀐 풍납동의 H아파트 18평형이 썩 마음에 들었다. 조금만 더 보태면 아예 매입할 수도 있었지만 신혼 때는 전셋집에 만족하기로 하고 주인에게 6,500만 원을 맡겼다.

하지만 전세 기간 2년 동안 모든 상황이 바뀌었다. 전셋값이 그 사이 1억 5,000만 원으로 급등한 것이다. 올라도 너무 올랐다는 생각이 들었다. 부동산 중개업자가 곽 과장의 집을 방문해 건너편 단지로 거의 쫓아내다시피 했다. 중개업자는 곽 과장 부부가 어차피 전세금 차액을 마련하기 어려울 것으로 생각했던 것이리라.

곽 과장이 풍납동 아파트에서 이사를 간 곳은 맞은편 성내동 청구아파트 16평형이었다. 전세금은 9,500만 원이었다. 2년 동안 전세금은 높아졌지만 아파트 평수는 작아진 셈이다. "집을 어떻게든 사야겠다"는 독한 마음이 든 것도 이때부터다.

우선 남편이 갖고 있던 청약통장을 활용해 분양을 받아야겠다고 생각했다. 여러 군데 시도했지만 번번히 떨어졌다. '에라 모르겠다'는 심정으로 인터넷으로 청약 접수했던 한남동의 한 주상복합 70평형에 덜컥 당첨됐다. 당시 꽤 인기 있는 아파트였는데, 최소 평형이 70평형이었던 것이다.

계약금도 마련하기 어려울 정도로 비싼 아파트였다. 곽 과장은 당첨 직후 웃돈 3,000만 원을 받고 이 아파트를 전매할 수밖에 없었다. 적지 않은 돈을 번 셈이지만, 추후 청약통장을 사용할 기회를 잃게 됐다.

얼마 지나지 않아 남편이 다니던 직장을 그만뒀다. 새로운 사업을 시작하기 위해서였다. 남편은 퇴직금으로 4,000여만 원을 받았다. 마침 곽 과장도 3,000만 원에 달하는 적금을 탈 수 있었다. 이래저래 집을 살 수 있는 여건이 조금씩 갖춰지고 있었다. 곽 과장은 퇴근 후와 주말 시간을 이용해 아파트 매물을 보러 다녔다.

곽 과장이 주로 눈여겨본 아파트 매물의 조건은 우선 '강남권 아파트'였다. 곽 과장 생활의 터전일 뿐만 아니라 자신과 남편의 직장에서도 가깝기 때문이다. 또 이곳에 집을 사야 투자 수익도 거둘 수 있을 것이란 막연한 생각을 갖고 있었다.

다음으로 지하철역에서 가까운 역세권 단지를 구했다. 부부가 절약하기 위해서 출퇴근 수단으로 지하철을 이용해서다. 지하철역에서 걸어서 10분을 넘는 단지이면 실거주 목적으로 매입하기 어려울 것이란 판단이 들었다.

강남 역세권 아파트를 찾았지만 가격이 비싸다면 제외시킬 수밖에 없었다. 당시 곽 과장 부부가 동원할 수 있는 현금은 전세 자금을 포함, 최대 1억 9,000만 원에 불과했기 때문이다. 부부가 감당할 수 있는 대출 수준은 1억~1억 5,000만 원 정도로 계산됐다. 시세가 최대 3억 4,000만 원을 넘으면 매입이 어렵다는 결론이 나왔다.

지난 2003년 10월 29일, 다주택자에 대한 양도소득세 중과를 골자로 한 정부의 10·29 부동산 대책이 발표됐다. 대책 발표 직후 다주택자들의 급매물이 한두 개씩 나오기 시작했다. 곽 과장은 이것이 절호의 기회가 될 수 있으리라 판단했다. 청담동 S아파트 23평형 매물이 2억 8,000만 원으로 시장에 출현했다. 여전히 부담스러운 금액이었지만 최고가 대비 수 천만 원 조정받은 상태였다. 곽 과장은 조바심이 일었다.

성내동 전셋집의 계약 기간이 아직 남아 있었기 때문에 다른 세입자를 직접 구한 다음 곽 과장 부부는 싸구려 월세 아파트로 이사를 갔다. 그리고 청담동 아파트를 전세 자금과 남편 퇴직금, 본인의 적금 등을 모두 털어 매입했다. 청담동 아파트엔 당시 전세 세입자가 살고 있었고 계약 기간도 1년 이상 남아 있는 상태였다. 전세를 끼고 매입하는 셈이어서 대출 이자 부담이 전혀 없는 점도 좋았다. 이 아파트는 대단지는 아니었지만 배후 세대가 많아 '대단지 효과'를 볼 수 있었던 데다 지하철 청담역까지 걸어서 5분이면 닿을 수 있었다. 청담공원도 가까웠다.

하지만 월세를 내다 보니 매달 고정적으로 나가는 돈이 아까웠다. 그래서 생각한 게 친정집과 시댁을 활용하는 것이었다. 곽 과장은 우선 광장동의 친정집으로 이사를 가기로 마음먹었다. 친정집에 마침 남는 방이 하나 있었던 것이다. 3~4개월 살다 보니 옮겨야 할 형편이 됐다.

또다시 짐을 꾸려 양재동 시댁으로 들어갔다. 당시 아이가 있었기 때문에 4~5개월 동안 '시집살이'를 하는 게 더 편했다고 곽 과장은 회고한다.

1년여간 이집저집 전전한 끝에 곽 과장 부부는 드디어 청담동 자신들의 아파트에 '입성'할 수 있었다. 그때의 감격이란…….

곽 과장은 청담동 23평형 아파트에 처음 내 집 마련을 했고, 사는 데 큰 불편을 느끼지 않았지만 좀 더 큰 평형으로 갈아타야겠다는 생각을 항상 갖고 있었다. 아이가 커 가고 있었고 평형이 좀 더 넓어야 투자 수익도 높을 것이란 판단이었다.

곽 과장이 매입한 23평형 아파트는 그 동안 부동산 시장 침체 속에서도 5,000만~6,000만 원의 웃돈이 붙어 있었다. 갈아타기를 준비하기 시작했다. 여러 지역을 돌아다닐 필요는 없었다. 주변에도 적당한 매물은 많았다.

같은 단지 32평형을 대출을 끼고 과감하게 5억여 원에 매입했다. 대출을 많이 낄 수밖에 없어 이자가 부담스러웠지만 좀 더 절약하는 수밖에 없었다. 곽 과장의 기대대로 이 아파트값은 그동안 1억 원 가까운 투자 수익을 안겨 줬다. 아파트값은 현재도 계속 상승 중이다.

곽 과장은 여기서 멈출 생각이 없다. 대출금을 어느 정도 갚으면 더욱 넓은 평형으로 갈아타기를 시도할 계획이다. 이를 위해 이사를 몇 번 더 다녀야 할 수도 있지만 각오는 돼 있다. 최고의 노후 대비 재테크를 하고 있는데 이사 다니는 일쯤이야…….

곽 과장은 청담동 23평형 아파트를 처음 장만했을 때 인테리어 비용을 거의 들이지 않았다. 작은 평형이기 때문에 어차피 '징검다리' 역할에 그칠 것이라고 생각했던 것이다. 잠시 머물 곳인데 구태여 비싼 돈을 들여 붙박이장을 설치하고 주방을 새로 꾸밀 이유가 없었다.

곽 과장이 초기 전세 자금 5,000여만 원으로 결혼 6년 만에 강남에 아파트를 마련할 수 있었던 것은 바로 이런 '실용적인' 생각이 큰 역할을 했다. 친정이나 시댁에서 '더부살이' 하는 것도 전혀 거리낄 이유가 없었다. 오히려 이 때를 생활비를 절약할 수 있는 '호기'로 삼았다.

목적(강남에 내 집 마련)을 위해서 과정(빈번한 이사, 친정이나 시댁 더부살이)은 그다지 중요한 게 아니었다. 결혼 6년간 7차례나 이사를 갔던 것도 같은 이유다.

'돈을 사랑한다'고 외쳐라

권 씨는 많은 사람들이 돈을 좋아하지만, 적극적으로 사랑하는 사람은 드물다고 강조한다. "나는 돈이 좋다"고 솔직하게 외치는 사람도 적다는 게 권 씨의 설명이다. 돈을 사랑하고 적극적으로 표현해야 돈을 모을 수 있는데도 말이다.

대구에서 간호사로 일하는 권선영 씨(34·대구 상인동)는 10여 년 전 2,900만 원의 전세금으로 신혼 생활을 시작했지만, 이제 '당당한 부자' 반열에 올라 있다. 부동산 재테크에 성공한 권 씨는 자신의 돈 번 노하우를 인터넷 카페에 올려 수 천 명의 열혈 팬을 거느린 온라인 스타가 됐다. 그가 집중 공략한 종목은 수익형 부동산과 아파트였다. 권 씨는 투자 성공을 발판으로 대구에서 오프라인 강의 활동도 활발하게 전개하고 있다.

두 자녀의 엄마이기도 한 권 씨는 "간호사 생활을 하면서 돈이 없어 무너지는 사람들을 수도 없이 많이 봤다"면서 "부모 유산 없이 홀로 서기를 해야 하는 이 땅의 수많은 사람들이 재테크로 부자가 될 수 있도록 돕고 싶다"고 말한다.

권 씨가 자신의 손으로 처음 부동산 계약을 맺은 때는 지난 1995년으로 거슬러 올라간다. 결혼하면서 시댁에서 전셋집을 구하라며 2,000만 원을 쥐어 줬다. 당시 권 씨 남편은 월급을 모두 시댁에 보내던 때라 비자금이 따로 없었다. 할 수 없이 권 씨가 그 동안 모은 돈을 합해 2,900만 원으로 24평형 아파트에 전세를 얻었다. 결혼할 때부터 '돈이 없어' 쩔쩔매는 경험을 했다.

권 씨는 돈을 벌어야겠다고 마음을 다잡았다. 우선 종잣돈을 모으는 데 미친 듯이 매달렸다. 당시 부부가 맞벌이로 월급을 타면 최소한의 생활비를 빼고 나머지를 모두 적립식 펀드에 부었다. 투자 위험을 줄이기 위해 다양한 펀드에 분산 투자했고, 절세 상품을 최대한 활용했다.

아파트를 사는 것은 '먼 미래의 일'이라고 생각했기 때문에 청약통장조차 가입하지 않았다. 당시엔 아이를 낳는 것조차 '사치'라고 생각했다. 이렇게 3년의 시간이 흘렀다. 1억 원이란 목돈을 손에 쥘 수 있었다. 절약을 대가로 얻은 값진 수확이었다.

때마침 외환 위기가 터지면서 부동산 가격이 급락하기 시작했다. 이 때부터 매일 출퇴근하면서 주변 부동산을 눈여겨보는 버릇이 생겼다. 가격이 폭락한 급매물이 쌓였고 권 씨는 종잣돈을 들고 있었다. 주말마다 집을 보기 위해 이리 뛰고 저리 뛰었다.

어느 날 급매물로 나온 3층짜리 상가 주택을 발견했다. 갓 지은 새집이었다. 권 씨는 이 상가 주택을 중개업자로부터 소개받은 후 '남자를 고르듯' 한참 쳐다봤다고 한다. 볼수록 '바로 이것'이란 확신이 들었다.

이 상가 주택의 시세는 외환 위기 직전만 해도 3억 5,000만 원에 호가

됐지만, 급매로 2억 3,000만 원이면 매입할 수 있었다. 대지 60평에 건평 98평, 내부 공간이 총 5개로 구성돼 있었다. 1~2층은 상가로, 3층은 주거 공간으로 사용할 수 있었기 때문에 상가 매입 후 직접 거주가 가능했다. 8m짜리 도로를 끼고 있었으며, 집 앞으로 공원이 자리 잡고 있는 물건이었다. 권 씨는 이 상가 주택을 갖고 있던 사람과 즉석에서 계약서를 작성했다.

당시 1~2층 상가는 모두 세입자와 전세 계약을 맺은 상태였다. 권 씨는 상가 계약이 만료될 때마다 전세를 월세로 돌렸다. 현금 유동성을 충분히 확보하기 위해서다. 월세를 받으면 이 돈을 차곡차곡 모아 또다른 부동산 투자를 위한 소중한 종잣돈으로 사용했다.

권 씨는 상가 주택의 월세 수입이 짭짤하다는 '실전 경험'을 토대로 상인동 D아파트 26평형을 9,200만 원에 매입했다. 실거주가 아닌 임대 수익 목적이었다. 이 아파트 역시 매입 직후 보증금 1,000만 원에 월세 55만 원으로 세를 놓았다.

상가 주택과 D아파트의 월세 자금이 매달 차곡차곡 쌓이자 또다른 종잣돈으로 변해 갔다. 어느 정도 목돈이 모이면서 권 씨는 미분양 아파트로 관심을 돌렸다.

2004년 코오롱하늘채 아파트의 모델하우스를 구경갔다가 저층밖에 남지 않았다는 설명에 실망하고 발길을 돌렸다. 하지만 때마침 모델하우스로 계약 취소 전화가 걸려 왔다. 권 씨는 그 자리에서 11층을 한 채 계약했다. 입주 후 임대 수익을 올릴 수 있을 뿐만 아니라 투자 수익까지 얻을 수 있을 것이란 판단이 들었다. 열심히 발품을 팔다 보면 이처럼 '운 좋은' 일도 종종 발생한다는 게 권 씨의 설명이다.

이후 상인동 H아파트도 3순위 청약을 넣어 매입하는 등 권 씨는 꾸준히 아파트 투자를 병행했다. 그는 상가 주택뿐만 아니라 일반 아파트도 현금 흐름이 발생하는 월세 계약을 선호했다. 월세를 받아야 손쉽게 종잣돈을 모을 수 있어서다. 이들 상가 주택과 아파트는 권 씨에게 '효자' 노릇을 톡톡히 하고 있다.

권 씨는 현재 법원 경매에 큰 관심을 갖고 있다. 권리 분석만 제대로 한다면 일반 매매보다 싼값에 부동산을 살 수 있기 때문이다. 2006년 초 20명이 경합한 수성구의 상가 물건 입찰에서 2위 응찰자를 90만 원이란 간발의 차이로 제치고 첫 낙찰받는 기염을 토하기도 했다. 권 씨는 이 날의 느낌을 '할인점에서 백화점 정품 상품을 헐값에 산 기분'이라고 표현했다.

권 씨는 내 집 마련에 나설 목적이라면 어떤 이유에서든 '바로 지금이 투자할 때'라는 신념을 갖고 있다. "더 떨어지겠지"하고 기다렸다간 영원히 기다려야 할지 모른다는 것이다. 특히 부동산 시장이 불안하게 움직일 때가 더없는 기회라고 권 씨는 설명했다.

하지만 이 때 무조건 자신의 적정 능력 내에 있는 부동산을 매입하는 게 철칙이라고 강조했다. 무리하게 대출을 끼고 집을 샀다가 더 큰 손해를 볼 수도 있다는 설명이다.

권 씨의 부동산 투자법은 독특하다. 예를 들어 아파트 평형을 넓혀가기보다 투자처를 다양화할 것을 권하고 있어서다. 그래야 위험을 분산할 수 있고 권 씨가 선호하는 '월세 계약'을 맺기도 수월하다.

하지만 재테크의 목적이 분명하지 않은 물건에 대해선 뒤돌아보지 말고 과감하게 정리해야 한다고 주장했다. 거주하기에도 불편하고 딱히 투자 수익이 발생하지도 않을 뿐더러 현금 흐름도 좋지 않다면 손해 보더라도 빨리 털어버리는 게 낫다는 얘기다. 그는 이런 부동산을 판 후에는 상가 등 수익형 부동산을 대안으로 매입할 것을 권했다. 상가를 고를 땐 비싸더라도 안전한 곳을 선택하라고 조언했다.

땅에 대해선 대물림할 수 있을 정도로 여유가 생겼을 때에야 손을 대는 게 현명하다고 강조했다. 특히 나이가 젊다면 환금성이 좋지 않은 땅엔 기대지 않는 게 낫다고 덧붙였다. 땅을 '무조건 장기 보유해야 하는 길고 지루한 사랑'으로 비유했다.

권 씨는 1년, 2년, 5년 등 구체적인 기간을 정해 투자했고, 이에 맞춰 종잣돈을 모았다. 투자 기간을 너무 장기로 정하는 것은 피했다. 장기일수록 리스크가 커지기 때문이다. 목돈을 모으는 과정에서 절약은 필수였다.

권 씨는 많은 사람들이 돈을 좋아하지만, 적극적으로 사랑하는 사람은 드물다고 강조한다. "나는 돈이 좋다"고 솔직하게 외치는 사람도 적다는 게 권 씨의 설명이다. 돈을 사랑하고 적극적으로 표현해야 돈을 모을 수 있는데도 말이다. 이는 탐욕이나 집착과는 질적으로 다르다. 돈을 위해 열정을 바치라는 의미다.

권 씨는 그런 뜻에서 모든 사람들이 성공한 부자를 적극적으로 벤치마킹하기를 권하고 있다. 그가 부자들을 연구해 본 후 주목한 부분은 이 세상 모든 사람들이 부자가 될 가능성을 갖고 있지만 누구나 부자가 되는 것은 아니란 점이다. 부자들의 삶을 들여다보면 부자가 될 만한 이유가 있었고, 가난한 사람들 역시 마찬가지였다. 그런 점에서 '부자들과의 식사'는 중요한 의미를 가진다는 얘기다. 부자들과 자주 접촉하고 대화하면서 그들의 '삶의 방식'을 배우라고 권 씨는 조언했다.

권 씨가 재테크에 열을 올리는 목적 중의 하나는 자녀 교육이다. 돈이 없으면 자녀 교육에 소홀할 수밖에 없고 가난을 대물림할 수도 있다는 불안감이 결국 그를 부동산 재테크의 귀재로 만들었다.

권 씨는 자신과 같이 부모 유산을 거의 물려받지 못한 사람들을 위해 두 가지 생활 방식을 제안했다. 하나는 '절약'이고 또 한 가지는 '맞벌이'다. 특히 맞벌이야말로 '부유한' 노후를 위한 첫 걸음이란 게 그의 신조다. 두 명이 벌어 이웃집 한 사람의 벌이에 미치지 못한대도 마찬가지다.

다음은 권 씨의 회고이다.

"처녀 때 남자친구(현재의 남편)를 2년간 쫓아다닌 끝에 결국 결혼에 골인했어요. 제 뜻대로 결혼해서 그런지 항상 가정의 짐을 짊어지고 있다는 부담이 있었습니다. 당연히 맞벌이를 했지요. 차곡차곡 돈을 모아 30대에 경제적으로 '독립'했고, 좋은 차에 골프도 치고 있지만 끝까지 맞벌이를 포기하지는 않을 겁니다. 맞벌이는 돈 이상의 행복을 가져다주거든요.

5,000만 원을 모으면 1억 원을 벌기는 금방입니다. 하지만 1,000만 원으로 1억 원을 벌려면 5,000만 원을 벌기까지 걸렸던 시간의 두 배 이상이 필요합니다. 맞벌이를 하면 이런 목표 달성 시기가 훨씬 빨라지겠지요. 젊은 부부들에게 꼭 해 주고 싶었던 얘기입니다."

부자는 돈 많아도 지렛대를 활용한다

고 씨의 투자 전략에서 가장 돋보이는 점은 바로 지렛대(레버리지) 효과다. 첫 출발부터 자기자본이 충분하지 않았기 때문에 '남의 돈'을 최대한 활용했다.

고길동 씨(경기 일산 거주·은행원)는 35세의 젊은 나이지만 벌써 자기 손으로 20억 원 가량 벌어들인 젊은 부자다. 부동산 투자로만 이 같은 거액을 벌었다. 주식에도 손을 댄 적이 있지만 손해만 보고 털어 버렸다.

하지만 고 씨 역시 우리나라의 많은 부자들처럼 처음에는 자기자본이 부족했다. 때문에 주로 전세금과 대출을 끼고 아파트를 구입한 뒤 시세차익이 발생하면 되파는 방식을 이용했다. 맞벌이 부부의 소득 수준에 맞춰 감당할 수 있을 만큼만 대출을 받았다.

대학 4학년이던 지난 1990년대 중반의 어느 날, 아버지가 취업 준비생이던 고 씨를 조용히 불렀다. 아버지의 반대로 유학의 꿈을 막 접은 뒤였다.

"너도 이제 다 컸으니 마지막 용돈을 주마."

아버지가 내민 돈은 자그마치 5,000만 원이었다. 고 씨의 눈이 휘둥그레졌다. 넉넉하다고 할 수 없는 형편이었는데 거금 5,000만 원이라니……. 아버지의 말이 이어졌다.

"미리 상속하는 셈치고 주는 것이니 죽이 되든 밥이 되든 네가 알아서 해라."

아버지는 더 이상 어떤 용도로도 자금을 지원해 주지 않을 것임을 분명히 했다. 이 돈이 결혼 자금이 되는 셈이었다. 이후 고 씨는 고민에 고민을 거듭했다. '멋진 차를 살까. 여자친구와 해외 여행을 다녀올까. 아니면 미래를 위해 유학을 떠날까…….'

고 씨는 이때 다소 '특이한' 결심을 했다. 이 돈을 굴려 더 큰 목돈을 만들겠다는 욕심이 생긴 것이다. 바빠지기 시작했다.

우선 서울 지역의 아파트값 조사에 착수했다. 잠실주공 1단지 13평짜리 급매물이 눈에 띄었다. 친척이 살던 동네여서 친척으로부터 '살기 좋다'는 조언도 들었다. 부모님과 함께 살고 있었고 미혼이어서 책임질 식구도 없었던 터라 비교적 쉽게 매입 결정을 내릴 수 있었다. 또 '가격이 오르지 않으면 나중에 직접 들어가 살면 되지' 하는 생각도 있었다.

당시 가격은 9,500만 원이었다. 고 씨는 전세를 끼고 이 아파트를 샀다가 3년간 보유한 뒤 1억 4,500만 원에 되팔았다. 3년 만에 5,000만 원을 1억 원(1억 4,500만 원 − 전세보증금 4,500만 원)으로 불린 것이다. 아파트값은 한 번도 떨어지지 않고 줄곧 상승했다. 수요가 꾸준한 곳이어서 전세를 내놔도 쉽게 나갔다. 여기까지는 '운'이 좋았다고 생각했다.

한 달 뒤 다시 송파구 오금동의 26평짜리 아파트를 1억 2,000만 원에 구입했다. 전세 7,000만 원을 끼고 샀기 때문에 실제로 들어간 돈은 5,000만 원뿐이었다. 그는 남은 돈 5,000만 원으로 강원도 정선군 강원랜드 인근의 농지를 매입했다. 아르바이트 삼아 일하던 주유소 사장이 소개한 땅이었다.

강원랜드 입주를 예상한 게 아니라, 남북 통일이 되면 이곳의 땅값이 오를 것 같다는 막연한 생각으로 투자했다. 남북 통일 문제와는 관계없이 전국에 토지 투자 붐이 일면서 이곳 땅값이 2년간 두 배로 뛰었다. 약 1억 원의 시세 차익을 볼 수 있었던 것이다.

취업이 여의치 않으면서 경영학과 대학원에 등록한 고 씨는 부동산 투자와 동시에 2,000만 원의 투자금으로 주식 투자를 시작했다. 운이 좋았던지 1년 남짓 만에 4,400만 원의 시세 차익을 얻었다. 대학원 등록금과 용돈을 모두 스스로 해결할 수 있었다.

하지만 주식과는 악연이었던 모양이다. 결국 큰 손실을 보고 말았으니 말이다. 사연은 이렇다. 고 씨는 주식으로 돈을 좀 벌자 더 큰 욕심이 생겼다. 부동산과 달리 따로 '발품'을 팔 필요가 없었기 때문에 시간 면에서 효율적인 재테크 수단이란 점도 매력이었다.

주식 투자는 전적으로 '감'에 의존했다. 짭짤한 재미를 보던 1990년대 말, 고 씨는 갖고 있던 모든 종목을 현금으로 바꿔 차익을 실현했다. 당시 밀레니엄 버그로 우려됐던 'YⅡK' 때문이었다. 하지만 우려했던 현상은 나타나지 않았고 주식 시장의 요동도 없었다.

2000년 새해가 밝기 무섭게 다시 주식 시장에 뛰어들었다. 당시 IT(정보 통신) 대표주에 소위 '몰빵' 투자를 했다. 주가가 잠시 오르는 듯하더니 곤두박질치기 시작했다. '손절매' 하기 힘들 정도였다.

　해당 종목은 5~6개월 만에 껍데기만 남게 됐다. 그동안 주식으로 벌었던 돈은 물론 투자 원금까지 상당 부분 까먹었다. 고 씨는 투자 실패 요인으로 주식 투자 위험이 높다는 점을 간과했고, 분석 대신 순전히 감에 의존했으며, 손절매를 무시한 점을 꼽았다. 고 씨는 이후 단 한 번도 주식에 손을 대지 않았다.

　역시 부동산밖에 없다는 생각이 들었다. 주식 투자 실패의 쓴 맛을 본 뒤 부동산에 더욱 애착을 갖게 됐다.

　우선 고양시와 강남구 일원동의 주공 아파트 두 채를 사들였다. 현금이 부족했기 때문에 이번엔 전세 외에 대출도 일정 부분 얻었다. 하지만 시세 차익이 더 클 것이라 판단했고, 1년여 만에 상당한 수익을 얻을 수 있었다.

　지방의 소도시 아파트에도 관심을 가졌다. 강원도의 한 아파트를 9,500만 원에 매입한 뒤 3년여 만에 1억 6,000만 원에 되팔았다. 전세 6,000만 원을 끼고 샀기 때문에 큰 부담 없이 투자할 수 있었다. 인구가 50만여 명에 불과한 소도시이지만, 경제 활동이 활발하게 이뤄지고 있기 때문에, 결국 아파트값이 상승할 것이라고 내린 판단이 적중한 셈이다.

　이후 그는 이런 식으로 수 차례 아파트를 사고 팔면서 20억 원 가까운 큰돈을 모았다. 현재는 서울 강남의 대형 아파트 한 채로 보유 자산을 단순화한 상태다.

　고 씨는 지금까지 세 차례 땅을 사고 팔았다. 강원랜드 인근을 제외하면 나머지는 모두 수도권이었다. 현금이 부족할 땐 지인들과 펀드를 만들어 공동으로 투자했다.

고 씨가 부동산으로 돈을 번 데는 단골 부동산 중개업소의 전화도 큰 역할을 했다. 중개업자는 뜬금없이 전화를 걸어 "고 대리, 땅(아파트) 하나 나왔는데, 능력되면 사지……." 이런 식으로 투자를 권유하곤 했다. 고 씨는 이 중개업자에게서 연락이 오면 현금을 싸 들고 달려간다고 했다. 그만큼 신뢰가 쌓였고 믿을 만하다는 얘기다. 중개업자도 이 때문에 좋은 정보가 있을 때면 고 씨에게 먼저 연락하는 편이다. 물론 수수료는 넉넉하게 준다.

고 씨는 아파트를 고를 때면 50평 이상의 대형 평형을 선호한다. 어차피 실거주 목적보다 투자 목적이 크기 때문이다. 집값이 전반적으로 하락하더라도 대형 평형의 가격은 가장 늦게 떨어진다는 게 고 씨의 지론이다. 지금까지 고 씨의 최고 투자 수익은 원금 대비 2.5배였다.

고 씨는 2008년께 부동산 시장이 다시 한 번 폭등할 것으로 전망하고 있다. '감'이 그렇다고 했지만, 상당한 근거도 있다. 노무현 정권이 들어서면서 부동산 시장의 자연 성장 잠재력까지 억누르고 있기 때문에 결국 폭발할 것으로 예측했다. "노 정권이 100년 가는 것도 아니지 않느냐"는 게 고 씨 얘기다.

특히 노 정권의 레임덕 현상이 조금만 나타나더라도 부동산 시장은 상상 이상의 폭발력을 가질 수 있다고 했다. 지금 부동산 시장이 '용암처럼 밑바닥에서 부글부글 끓고 있다'고 진단했다.

폭발의 도화선 역할을 할 수 있는 재료 중 첫손에 꼽는 것은 역시 '판교 신도시'다. 고 씨는 판교 분양(2006년 3월과 8월) 때가 아니라 입주 시점인 2008년부터 이 같은 폭발이 가시화할 가능성이 높다고 내다봤다.

고 씨는 향후 부동산값 폭등의 또 다른 근거로 'IMF형 사이클'을 들었다. 1998년을 기점으로 경기의 새로운 10년 주기가 생겼다는 것이다. 2002년은 우리나라 부동산 시장의 통상적인 '10년 상승 주기'였고, 2008년은 IMF로 인해 생긴 새로운 '10년 상승 주기'란 설명이다.

고 씨는 이런 예측을 바탕으로 현재 자산 현금화 작업을 하고 있다. 부동자산을 가급적 예금 등 유동자산으로 바꿔 가는 중이다. 여윳돈은 상호저축은행, 종금사 등 금리를 연 1%포인트라도 더 주는 금융회사에 분산 예치해 놓고 있다.

고 씨의 투자 전략에서 가장 돋보이는 점은 바로 지렛대(레버리지) 효과다. 첫 출발부터 자기자본이 충분하지 않았기 때문에 '남의 돈'을 최대한 활용했다.

우선 주로 전세를 끼고 아파트를 구입했다. 전세 가격이 보통 아파트값의 40~60% 수준이기 때문에, 나머지 자금만 있으면 집 한 채를 구입할 수 있다. 그래도 현금이 부족할 땐 은행 대출을 적절하게 활용했다. 금리가 저렴한 주택담보대출을 받는 게 유리했지만, 은행 규정상 전세를 끼게 되면 대출이 쉽지 않기 때문에 회사 직원 대출이나 신용 대출을 주로 이용했다. 특히 금리가 연 1~2%포인트라도 싼 곳을 부단히 찾아다녔다.

고 씨가 은행원이란 점도 유리하게 작용했다. 금융을 잘 알아야 부동산 투자에 성공할 수 있다는 사실을 새삼 확인시켜 준 사례다.

 ## 처음부터 이기고 시작하라

조 씨가 강조하는 것은 "진입하는 순간 결정 나 있는 이익"이다. 리스크를 줄일 수 있는 최적의 기법이란 설명이다.

인터넷 상에서 활약하는 '사이버' 재테크 고수

가운데 조상훈 씨(35) 역시 지렛대 효과로 큰돈을 번 사람이다. 조 씨는 다음카페 '선한 부자(cafe.daum.net/fq119)에서 '죠수아'란 필명을 날리고 있으며, 철저한 실전 경험을 바탕으로 초보자들에게 재테크 기법을 전수해 주기도 한다.

조 씨의 본업은 수학 강사이다. 말이 느린 편이었지만 핵심을 짚어 '할 말만 하는' 모습이 인상적이다.

조 씨는 지난 1995년 육군 소위로 임관한 뒤, 이듬해부터 800만 원의 종잣돈을 바탕으로 주식 투자를 시작했다. 주로 증권주에 투자했는데 시장이 활황세를 보이면서 1년 만에 2,400만 원으로 불었다. 이 정도 자금을 갖고서야 부동산 투자에 관심을 돌리게 됐다.

조 씨의 첫 부동산 투자는 경기도 의정부시의 미분양 아파트였다. 장암 지구가 한창 개발되고 있을 때였다. 당시 업무차 동부간선도로를 이용해 서울 용산의 국방부에 갈 일이 많았는데, 그는 장암 지구가 민락 지구보다 서울과의 접근성이 좋은데도 분양가가 비슷했고 향후 교통여건이 개선되고 있다는 점에 주목했다.

계약금 500만 원으로 장암 지구 21평짜리 미분양아파트 한 채를 매입했다. 분양가가 6,200만 원이었지만 중도금 대출을 받고 나머지 잔금 1,800만 원은 입주시점에 세를 놓아 해결할 생각이었다.

아파트 완공 후 전세금 4,000만 원이 들어왔다. 등기 및 새시 비용을 모두 합해도 600만 원을 넘지 않았다. 계약금 500만 원에 이자 600만 원, 입주 비용 600만 원 등, 총 1,700만 원을 투자한 것이다. 이 아파트는 4년 후 1억 500만 원으로 올랐다. 분양가 대비 70% 오른 것이지만, 총 1,700만 원을 투자해 순자산을 5,100만 원(대출 1,400만 원 뺀 금액)으로 불렸으니 수익률이 200%인 셈이다.

미분양아파트 투자에 재미가 붙었다. 지난 2001년 가을, 건설 경기 불황으로 전국에 미분양아파트가 쌓이고 있었다. 건설업체들의 경영난과 택지 부족으로 새로 짓는 아파트가 별로 없었기 때문에 몇 년 내 아파트 시세가 회복될 것으로 판단했다. 외환 위기 당시에도 아파트값은 거품만 빠졌을 뿐, 시세가 분양가 이하로 떨어지지 않았다는 사실도 중요한 포인트였다.

3년째 미분양 상태였다가 완공된 대전 관저동의 21평짜리 아파트를 구입했다. 분양가가 6,400만 원이었지만 3,000만 원에 대해선 무이자 대출, 1,400만 원에 대해선 금리가 낮은 국민주택기금 대출로 충당했다. 조 씨가 실제 투입한 금액은 2,000만 원이었다.

이것도 3,500만 원에 전세를 놓으니, 곧바로 회수한 금액이 투자액보다 많아졌다. 이렇게 마련한 자금으로 또 다른 아파트를 사들였다. 주변 아파트 21~24평형 다섯 채를 한꺼번에 매입했다. 총 투자액은 1억 6,000만 원이었지만 전세금과 보증금 등으로 1억 3,500만 원을 즉시 회수할 수 있었다. 매달 60만 원의 이자 부담이 있었지만 월세 수입이 135만 원에 달했다. 결국 2500만 원을 투자해 이자를 부담하고도 월 75만 원, 연간 900만 원의 수익을 내도록 설계한 것이다.

얼마 지나지 않아 부동산 바람이 불기 시작했다. 24평형 한 채 값이 1억 1,000만 원을 넘어섰다. 2년 사이 여섯 채의 시세 상승분만 1억 5,000만 원이었다. 임대 수익까지 고려하면 2년 만에 700%의 수익을 얻은 셈이었다.

이후 조 씨가 지방 학원을 인수한 것도 성공적이었다. 대위로 전역한 후 밤마다 학원에서 수학을 가르치던 조 씨는 경매로 나온 학원에 관심을 갖게 됐다. 그는 학원장을 찾아가 경매 최저가보다 다소 높은 가격을 제시하고 계속 운영권을 주는 조건으로 인수했다. 대출금 부담이 있었지만 월세 수입이 이자보다 많았다. 이 투자 역시 '처음부터 이기고 시작한 게임'이었던 셈이다.

조 씨가 강조하는 것은 "진입하는 순간 결정 나 있는 이익"이다. 리스크를 줄일 수 있는 최적의 기법이란 설명이다.

예를 들어 조 씨는 지난 2004년 거래소 종목 가운데 A주, D주, S주 등을 선별 매입했다. 배당 수익이 연 10~14% 예상되고 있던 종목이었다. 은행 금리가 연 3~4%대인 상황에서 주가가 현 상태만 유지돼도 연 10% 이상의 고수익이 '예정'된 것이었다. '함정 없는 게임'인 셈이다.

부동산을 매입하더라도 임대 수익이 대출 이자와 기회비용을 합한 금액보다 높으면 사는 순간부터 이익을 실현할 수 있는 것이다.

특히 이를 실현하기 가장 쉬운 방법이 부동산 경매라고 조 씨는 말한다. 그는 실제로 1억 3,000만 원짜리 빌라를 7,860만 원에 낙찰받은 적이 있다. 세금까지 모두 합해 9,000만 원을 들였다. 하지만 곧 9,500만 원에 전세를 놓으면서 투자된 원금을 회수하고도 500만 원을 벌었다. 재개발이 추진되면서 추가 수익을 얻은 것은 그 다음 일이다.

조 씨는 경매로 충남 논산시의 아파트를 산 적도 있다. 최초 감정가는 5,500만 원이었다. 이 물건이 두 번 유찰될 때까지 기다렸다가 4,000만 원에 낙찰받았다. 등기비 등을 합한 총 투자 비용은 4,260만 원이었고 조 씨는 이 가운데 3,000만 원을 은행 대출로 마련했다. 나머지 1,000만 원은 낙찰 후 월세 보증금으로 충당했다. 조 씨의 수중에서 빠져나간 돈은 단돈 260만 원이었다.

대출금 3,000만 원의 이자가 매달 14만 원씩 나왔지만 아파트 월세가 30만 원씩 들어왔기 때문에 결과적으로는 매달 16만 원의 순이익을 올릴 수 있었다. 총 260만 원을 투자해 매달 16만 원씩 1년에 192만 원을 벌었던 것이다. 조 씨는 이 아파트를 1년 넘게 보유한 뒤 7,000만 원에 되팔았다. 세금을 뺀 순수 투자수익률은 1,100%였다.

같은 논리로 따져 보자면, 땅 투자는 위험하기 그지없는 상품이다.

사는 순간 수익을 내는 구조가 아니기 때문이다. 따라서 조 씨는 땅 투자야말로 기본적으로 여유 있는 사람이 해야 한다고 생각하고 있다. 땅 가격이 올랐다고 해도 매수자가 나타나지 않으면 그게 진짜 가격이냐는 게 조 씨의 반문이다.

조 씨 역시 고길동 씨처럼 보통 사람들이 부자가 될 수 있는 '마지막 기회'가 다가오고 있다고 강조했다. 즉 종잣돈이 부족한 일반인들이 재테크로 부자 반열에 올라설 수 있는 기회는 2008~2011년이란 설명이다.

우리 사회 체제가 합리적인 구조로 바뀌고 있고 기업 경영이 가치 중심·주주 중심으로 전환되고 있으며, 외국 자본이 주식과 부동산 시장에서 중요한 세력을 형성하고 있기 때문에 자본주의 시스템이 완벽하게 정착되기 전인 이때가 부자가 될 수 있는 마지막 기회란 얘기다. 이후로는 남보다 조금 더 발품을 판다고 해서 돈 벌기 힘들 것이란 전망이다.

특히 마지막 기회의 '피크'를 오는 2009~2011년 사이로 내다봤다. 하지만 문제는 그 이전이다. 조 씨는 향후 단기간 부동산 시장의 극심한 침체에 대비해야 한다고 강조했다. "2000학번까지는 베이붐 세대로 이들이 결혼 등으로 독립할 때까지는 주택 수요가 꾸준하지만 이후 학번부터는 인구가 급격히 줄어 주택 수요가 급감할 것"이라고 강조했다.

# 열역학 법칙과 타이밍

조상훈 씨 등 재테크 고수들이 주장하고 있는 '재테크 균형 이론'을 관심 있게 지켜볼 만하다. 균형 이론은 모든 재테크 상품이 기본적으로 '균형'을 찾아 이동한다는 게 기본 틀이다. 균형을 찾아가는 과정에서 다양한 투자 기회가 생긴다는 것이다. 즉 에너지 보존과 엔트로피란 열역학법칙을 아파트의 매수·매도 타이밍으로 활용할 수 있다는 얘기다.

지난 2001년만 해도 서울 강남 아파트의 전세가율(매매가 대비 전셋값)은 70%에 달했다. 기본적인 수요가 잠재돼 있는 상태에서 전셋값이 '비정상적으로' 높았던 것이다. 균형을 찾아서 매매 값이 뛰기 시작했다. 균형 이론 측면에서 보면 당시 매수 타이밍이었던 것이다.

그렇다면 2005년 말의 강남 전세가율은 어땠나. 매매가 대비 20~30% 수준에 불과했다. 이것 역시 '비정상(다시 말해 불균형)' 상태다. 차츰 균형을 찾아 이동할 테고, 전셋값이 뛰거나, 아니면 매매 값이 떨어지는 게 당연했다.

비슷한 예로, 실수요자가 전세가율이 낮은 강남구와 전세가율이 높은 마포구 중 어느 곳의 아파트를 사야 할까 고민하고 있다면 마포구가 우선이라고 조 씨는 추천했다. 현 시점에서 마포구 아파트의 전세가율은 대부분 50%를 웃돌고 있기 때문이다.

주식을 예로 들어 보자. 매년 배당하고 있는 주식 종목이 있다고 하자. 한 종목의 주가가 비교적 낮은데도 매년 10% 이상 고배당을 하고 있다면 이것은 '불균형' 상태다. 이 종목의 기본 가치가 괜찮다면, 이 종목은 배당을 줄이는 게 아니라 자연스럽게 주가가 올라가면서 제 값을 맞출(균형을 찾을) 것이라고 조 씨는 강조했다.

부동산의 특징은 한 번 상승세가 시작되면 사기가 힘들고(매물이 없기 때문에) 하락세가 시작되면 팔 수 없다는(매수세가 없어서) 것이다. 매수·매도 타이밍을 찾기가 그만큼 힘들다는 의미다. 투자하기가 까다롭다는 얘기이기도 하다. 따라서 균형 이론은 부동산 거래의 타이밍을 잡을 때 유용한 방법으로 사용될 만하다.

1주택자 비과세 혜택을 활용하라

미래를 위해 현재를 희생할 줄 알라. 녹물이 나오거나 비좁은 단칸방 살림을 마다하지 않았던 김 씨는 이를 통해 평범한 샐러리맨에서 '부자' 대열에 낄 수 있었다.

금융회사 팀장 김필호 씨(45)를 만난 곳은 강남의 한 찻집이었다. 프로젝트 팀장 발령을 받은 지 한 달이 채 되지 않아 무척 바쁘다고 했다. 금융회사 직원답게 감청색 양복에다 머리를 뒤로 깔끔하게 빗어넘긴 모습이었다. 가슴에 꽂혀 있는 회사 배지가 유난히 반짝였다.

김 씨는 대학 졸업 후 한 번도 직장을 옮기지 않고 같은 곳에서만 성실하게 근무해 온 사람이었다. 지난 1980년대 중반 1,000여만 원짜리 전셋집으로 출발, 현재 강남의 번듯한 대형 평형 아파트 주인이 됐다. 결혼 후 지금까지 20년 동안 총 7번의 이사를 다니면서, 강남 입성에 성공했고 재테크에서도 남부럽지 않은 성적을 거뒀다.

특이한 점은 1가구 1주택자에 대한 세금 혜택을 적절하게 활용했다는 것이다. 3~5년간 아파트를 보유하고 거주할 경우 양도세가 면제된다는 점을 감안, 이사 시기를 이에 맞춤으로써 투자 차익을 극대화했다. 요즘처럼 다주택자에 대한 세금 부담이 급등한 상황에선 유용한 벤치마킹 대상이 될 수 있다.

김 씨는 1986년 결혼했다. 부친이 건축업에 종사하고 있었지만 부동산에 대한 관심은 많지 않을 때였다. 잠실 시영 아파트에 신혼 살림을 차렸던 김 씨는 수 개월 만에 서초동 반지하 연립주택으로 옮겼다. 결혼자금 용도로 은행에서 빌린 대출 이자가 만만치 않았기 때문이다. 이자 부담을 최소화하기 위해 적금까지 깼고 현금 1,250만 원을 확보할 수 있었다.

김 씨는 서초동 반지하 주택에서 본격적인 종잣돈 마련에 나섰다. 맞벌이였던 데다, 아끼고 또 아꼈기 때문에 3년여 만에 1,000여만 원을 추가로 모을 수 있었다.

하지만 생활은 무척 고달팠다. 무엇보다 집주인이 김 씨 부부 일에 대해선 사사건건 관여했다. 빨래를 널 데가 없었는데 옥상에도 출입금지 신세였다. 내 집을 장만해야겠다는 의욕이 강하게 생겼다.

이때부터 출퇴근하거나 이동할 때 웬만해선 버스를 타지 않고 걸어 다녔다. 눈으로 주변 입지를 확인하고 중개업소에 들러 집값을 체크했다. 특히 투자보다 거주를 목적으로 염두에 뒀기 때문에 회사까지의 출퇴근 거리 등을 감안하고 따져보는 게 습관이 됐다.

당시엔 소위 '빌라'로 통칭되던 연립주택이 큰 인기였다. 우연한 기회에 홍은동의 괜찮은 빌라가 분양된다는 소식을 듣게 됐다. 김 씨가 막

홍은동 근처로 지점 발령을 받았던 때여서 큰 관심을 가졌다. 분양가는 4,500만 원이었다. 적지 않은 금액이었지만, 큰맘 먹고 내 집 마련에 나섰다. 대출을 끼고 빌라 1층을 매입했다.

당시 이 주택에는 지하층이 대피소로 꾸며져 있었다. 쓸모없는 빈 공간이었던 셈이다. 주택보급률이 턱없이 낮았던 때여서 지하에라도 거주하려는 사람이 많았다. 위층 입주민들과 협의해 지하 대피소에 난방 설비를 넣고 벽지를 발랐다. 손색없는 집 한 채가 뚝딱 생겼다. 이 집을 전세 놓아 대출 이자 부담을 어느 정도 덜 수 있었다.

당시에 양도세를 면제받기 위해선 5년간 보유하고 3년간 거주해야 했다. 3년 거주 후 김 씨는 도봉구 창동의 32평형 조합아파트를 분양받았다. 당시 분양가는 7,400만 원이었다. 자금이 많이 부족했기 때문에 치밀한 준비가 필요했다.

우선 가격이 어느 정도 오른 홍은동 빌라를 전셋집으로 돌렸다. 김 씨 부부는 대신 상수동의 방 1칸짜리 전월셋집으로 옮겼다. 김 씨 표현대로라면 "숨쉬기 어려웠을 정도"였다.

자녀가 두 명이어서 불편한 게 한두 가지가 아니었지만, 아파트에 거주할 수 있다는 희망 때문에 버틸 수 있었다. 홍은동 전세금과 그동안 모은 돈으로 창동 아파트의 계약금과 중도금을 치렀다. 잔금을 내야 하는 시기에 맞춰 홍은동 빌라를 팔았다. 양도세를 모두 면제받았기 때문에 투자 차익이 적지 않았다.

창동 아파트에 사는 동안 1가구 1주택자에 대한 양도세 면제 규정이 '5년 보유'에서 '3년 보유'로 완화됐다. 김 씨는 3년 정도 거주한 후 또

다시 심각하게 고민하기 시작했다. 자녀 교육을 위해선 아무래도 학군이 나은 곳으로 이사가야겠다는 생각이 들었다.

일단 발품을 팔아야 했다. 일산으로 가 봤다. 주거 환경은 쾌적했지만 출퇴근 거리가 먼 게 흠이었다. 왕십리 재개발 현장으로 이동했다. 창동 아파트값이 1억 2,000만 원 정도였는데, 왕십리에선 같은 평형을 매입하려면 훨씬 더 많은 돈을 부담해야 했다. 학군도 나을 게 없었는데, 거품이 많이 끼어 있는 가격이라고 판단했다.

잠실 주공 아파트가 재건축될 것이란 소문이 돌자 잠실 일대를 답사했다. 1만 가구가 넘는 상황에서 재건축이 쉽게 이뤄지기 힘들 것이라고 생각했다. 이때 중개업소에서 귀가 솔깃한 얘기를 들었다. 서초동에선 1,000여 가구 재건축이 추진되고 있는데, 매우 유망하다는 것이다. 곧바로 서초동으로 향했다.

서초동 아파트는 너무 낡아 살기 불편할 게 뻔해 보였다. 하지만 단칸방에서 가족 네 명이 2년간 버티기도 했던 김 씨에게 그런 건 문제가 되지 않았다. 많이 낡은 만큼 재건축 추진이 수월할 것이란 확신이 들었다. 김 씨가 바라던 강남 8학군인 점도 마음에 쏙 들었다.

김 씨는 창동 아파트를 1억 2,000만 원에 매도하고 서초동의 낡은 재건축 추진 단지를 1억 7,000만 원에 매입했다. 일부 모자라는 돈은 대출로 충당했다.

서초동 아파트에 네 식구가 직접 입주했다. 32평형에 살다 20평형짜리로 옮기다 보니 살림살이가 다 들어갈 수 없었다. 소파를 버렸고, 장농이 맞지 않아 톱으로 귀퉁이를 썰어내기도 했다. 수돗물에서는 가끔

녹물이 쏟아졌다. 마룻바닥을 손수 뜯어고쳤다.

김 씨는 재건축 공사로 인해 주변 아파트로 이주할 때까지 비좁고 낡은 이 아파트에서 4년간 거주했다. 재건축 후 대형 평형 입주 부담금은 2억 원 가량이었다. 김 씨 회사에서 때마침 퇴직금을 중간 정산했다. 이 퇴직금으로 재건축 자기 부담금을 여유있게 댈 수 있었다.

재건축 공사로 주변 다른 단지로 이사갈 때 가족들은 더이상 불평하지 않았다. 내 집을 마련했는데도 왜 세입자처럼 수 년마다 이사를 다니느냐는 얘기를 꺼내지 않았던 것이다. 이사다니는 생활에 이력이 난 데다, 강남 대형 평형 입주에 대한 기대가 생겼기 때문이었다고 김 씨는 설명했다.

김 씨는 독실한 기독교 신자다. 일요일마다 집 주변 교회에 다녔다. 오가는 길에는 항상 부동산을 눈여겨보곤 했다. 이 과정에서 강남 사람들은 항상 '최고'에 집착한다는 사실을 알게 됐다. 아파트도 입지 좋은 곳의 로열층을, 과일도 최상급 품질을 찾기 때문에 '좋은 상품'이 비싸더라도 값이 더 뛰게 된다는 것이다.

또 다른 특징은 바로 '개인 플레이'였다. 강북에 살 땐 주말마다 이웃들과 어울려 나들이를 다녔는데, 강남으로 이사 오고 나선 한 번도 그래본 적이 없다. 강남 사람들은 대신 투자 정보에는 누구보다 밝다.

김 씨는 서초동 재건축 추진 단지에 살면서 몇 번의 아쉬운 경험을 기억하고 있다. 한 번은 도곡동 주공 아파트(현 도곡렉슬)로 갈아탈까 고민하다 그만 놓쳐 버렸다. 당시 3,000만~4,000만 원을 더 보태야 했는데, 그게 부담이었다.

반포 주공 3단지 재건축 단지로 옮길까 심각하게 갈등했던 적도 있다. 결국 아이들이 또 전학 가야 하는 상황을 피하기 위해 그냥 머무는 쪽을 선택했다. 서초동 삼풍아파트나 진흥아파트의 더 큰 평형으로 이사갈까 고민하기도 했다.

김 씨가 만약 이 중 한 가지만 선택했더라도 지금쯤 훨씬 많은 자산 가치를 보유하고 있을 것이다. 김 씨는 아쉽지만 후회하지 않고 있다고 했다. 샐러리맨으로서 지금도 충분히 '성공적'이라고 자평하고 있어서다.

김 씨는 향후 더 큰 평형 주택으로 이사갈 생각이다. 하지만 당장은 아니다. 살면서 기회를 엿볼 참이다. 그래서 관심사를 임대 수익을 낼 수 있는 상가 주택으로 옮겼다.

아는 사람 소개로 삼성전자 공장 이전 호재가 있는 충남 아산 지역의 상가 주택 1개 동을 최근 매입했다. 안정적인 임대 수익을 올릴 수 있다는 판단에서다. 아산 신도시 바로 옆에 위치해 있는 4층짜리 건물이다. 투자 금액은 총 8억 원이었다. 이 중 절반 가량이 은행 대출이지만, 매달 임대 수익에서 대출 이자를 갚고 나더라도 월 200만 원 이상 순수입을 얻고 있다.

향후 아산 신도시 개발이 본격화할 경우 땅값이 오르면서 적지 않은 투자 차익까지 낼 수 있을 것으로 기대하고 있다. 김 씨는 상가 주택 가격이 13억 원 정도까지 오르면 되팔 생각이다.

김 씨의 부동산 투자 원칙은 여느 재테크 고수들과 크게 다를 바 없다.
첫째는 관심이다. 부동산에 지속적인 관심을 가져야 기회가 생기고,

기회가 다가왔을 때 '올인' 할 수 있는 용기가 나온다.

둘째는 노력이다. 남들이 야구 경기를 보러갈 때 전원주택이라도 구경하러 가는 노력이 재테크 필수 원칙이란 얘기다.

셋째는 실행력이다. 김 씨가 강북에 살 때, 대지 84평짜리 노후 주택이 매물로 나온 적이 있다. 부친처럼 이곳에 빌라를 짓고 싶었지만, 계약금이 부담이었다. 당시 무슨 수를 쓰든 계약금을 구해 빌라 신축을 추진했다면 크게 달라졌을 것으로 김 씨는 생각하고 있다. 사실 김 씨가 이만큼 성공한 것도 따지고 보면 그의 실행력이 남다른 덕분일 텐데 말이다.

넷째는 금융 지식이다. 대출을 끼지 않고선 부동산 투자가 불가능하기 때문이다. 이런 점에서 금융회사 직원인 김 씨는 유리한 고지를 선점했던 셈이다.

마지막으로 미래를 위해 현재를 희생할 줄 알아. 녹물이 나오거나 비좁은 단칸방 살림을 마다하지 않았던 김 씨는 이를 통해 평범한 샐러리맨에서 '부자' 대열에 낄 수 있었다. 젊을 때 다소 불편한 곳에 산 덕분에 노후 걱정을 덜었다는 게 김 씨 설명이다.

오르는 부동산은 이미 정해져 있다

오르는 부동산과 오르지 않는 부동산, 첫 출발부터 정해져 있다는 게 봉 씨의 지론이다. 아파트가 고유의 '족보'를 갖고 있기 때문에 이를 잘 연구해야 투자에 실패하지 않는다는 설명이다.

닥스클럽은 우리나라 선두 결혼정보회사이다. 이 업체에선 다른 결혼정보회사와 다른 독특한 서비스를 받을 수 있다. 바로 부동산 재테크 컨설팅이다. 신혼부부에게 가장 중요한 것이 내 집 마련인 만큼 부동산 재테크는 결혼 중개 사업에서 빠질 수 없는 요소라는 게 이 회사 사장인 봉준호 씨(45)의 신조다.

봉 씨를 만나기 위해 서울 서초동에 있는 닥스클럽 사무실을 찾았다. 건축사이기도 한 봉 씨는 20여 년 전 단돈 400만 원을 갖고 산동네 단칸방에서 월세살이를 시작, 30여 차례 이사를 다닌 끝에 우리나라에서 가장 비싼 아파트인 삼성동 현대아이파크 입주민이 된 사람이다.

봉 씨는 두 시간 동안 진행된 인터뷰 중 많은 시간을 정부 정책 비판에 할애했다. 정부의 잘못된 정책이 시장 왜곡을 불러왔고 결국 집값을 급등시켰다는 지적이다. 봉 씨가 축적해 온 부동산 재테크 노하우가 못내 궁금했다.

시골 출신인 봉 씨는 대학 졸업 후 현대건설에 입사했다. 주로 땅 작업을 많이 했다고 한다. 땅 주인이나 건물 주인을 찾아다니며 동의서를 받는 일이었다. 사업체를 꾸려 독립한 것은 봉 씨가 37세 되던 해였다. 나름대로 자신있는 분야였던 재건축 컨설팅 사업을 시작했다. 재건축 붐을 타고 성공 가도를 달리는가 싶더니 외환 위기가 닥쳤다. 국내 사업을 정리하고 경영학 석사(MBA) 학위를 받기 위해 미국으로 훌쩍 떠났다.

미국에서 공부하던 중 서서히 닷컴붐이 일기 시작했다. 신촌 하숙집을 전전하며 쌓아뒀던 '미팅' 노하우를 살리자는 아이디어가 떠올랐다. 국내에 돌아와 온라인 미팅 서비스를 선보였다. 당시 온라인과 오프라인이 결합된 비즈니스 모델이 각광받을 때였기 때문에 투자 자금이 밀물처럼 들어왔다. 대기업들도 투자를 원했고, 장외 주식 가격이 10만 원을 돌파하기도 했다. 길지 않은 기간이었지만 승승장구했다.

봉 씨는 사업 도중에도 부동산 재테크의 끈을 놓지 않았다. 주택 청약에 네 번 당첨되고 수십 차례 이사를 다닌 끝에 도곡동 타워팰리스를 거쳐 삼성동 아이파크로 입주할 수 있었다. 이 과정에서 회사 홈페이지에 부동산 칼럼을 올려 수천 명의 팬을 만들기도 했다.

오르는 부동산과 오르지 않는 부동산은 첫 출발부터 정해져 있다는 게 봉 씨의 지론이다. 아파트가 고유의 '족보'를 갖고 있기 때문에 이를 잘 연구해야 투자에 실패하지 않는다는 설명이다.

오르는 부동산에 투자하는 첫 번째 방법은 택지지구 아파트에서 분양받는 것이다. 기반 시설이 제대로 갖춰지기 전인 입주 직후에 매물이 한꺼번에 쏟아져 나오면서 고비가 발생하지만, 이 시기만 잘 넘기면 이후엔 가격이 꾸준히 상승하기 마련이다.

반대로 구릉지이면서 대단지가 아니라면 분명 태생부터 '오르지 않는 부동산'이다. 평지가 아니면 상업 시설이 제대로 들어서기 어렵고 주거 여건이 갈수록 악화될 수 있다는 것이다.

압구정동 현대·한양아파트나 잠실주공 5단지, 은마아파트 등은 모두 평지에 자리잡고 있는 대단지이기 때문에 가격 상승이 꾸준하다.

단지 주변에 대규모 상업 시설이나 관공서, 지하철, 학교 등 기반 시설이 많은 곳도 투자 실패 확률이 낮은 '오르는 부동산'이다.

반면 10~20평형대 아파트는 처음부터 오를 수 없는 부동산인데, 그 이유는 투자 여력이 적은 사람들끼리 매물을 주고받기 때문이라고 봉 씨는 설명했다. 100만~200만 원의 가격차를 좁히지 못해 매수자가 발길을 돌리는 상황에서 가격 급등과 같은 돌출 행위가 발생하기는 쉽지 않다는 얘기다.

봉 씨는 강남 아파트 값이 뛰는 원인을 저금리와 공급 부족, 과잉 유동성 등 세 가지로 분석했다. 이를 해결해야만 집값을 잡을 수 있다는 설명이다. 정부도 이 사실을 알고 있지만, '의도적으로' 회피하고 '엽기적인' 정책만을 쏟아내고 있다고 주장했다.

그의 설명에 따르면, 주택 공급 문제 해결은 그다지 복잡한 사안이 아니다. 광주 오포나 수원 영통 지구 등을 지금보다 두 배 정도 크기로 충분히 늘릴 수 있어서다.

정부가 강북 개발을 외치고 있지만 개인 소유가 대부분인 땅을 개발하기란 쉽지 않은 문제다. 강북 개발만 떠들다가 결국 목동, 여의도, 용산, 뚝섬에 이어 상계동까지 집값을 끌어올릴 것이라고 우려했다.

택지지구를 신규 지정하거나 확대해 직접적으로 새 아파트를 늘리는 것 외에 양도세 중과만 완화해도 강남 공급의 숨통을 어느 정도 틔울 수 있다는 게 그의 아이디어다. 정부가 양도세를 중과할 경우 세금을 많이 거두면서 동시에 집값까지 잡는 '일석이조'의 효과를 기대했지만, 명백한 오류로 드러났다는 설명이다.

재테크 고수인 봉 씨는 참여정부 아래서는 부동산을 거래하는 것이 더 이상 큰 '재미'가 없을 것으로 내다봤다. 그래서 장기로 투자할 만한 '보물'이 필요하다고 했다. 대지 지분이 넓은 재건축 아파트가 이같은 보물에 해당한다.

강남아파트의 경우 현재 20~30% 정도의 거품(버블)이 형성돼 있지만 2008년까지 강남권 신규 공급이 전무하다시피 하기 때문에 가격이 떨어질 가능성은 매우 적다고 했다. 강남 사람들의 자금 창출 능력을 보면 더욱 그렇다고 강조했다.

하지만 현 시점에서 강남아파트의 투자 가치 역시 높지 않다고 판단했다. 50평형대 가격이 25억 원에 육박할 정도로 치솟았기 때문이다. 25억원짜리 아파트를 사는 데 필요한 총 매수 비용(취득·등록세 포함)을 30억 원으로 잡을 경우 수 년 후 40억 원까지 올라야 투자 가치가 있는 셈인데, 그럴 가능성은 매우 적다는 분석이다. 봉 씨는 대기 매수자들이 높은 가격 때문에 강남행(行)을 포기하고 목동, 여의도, 용인 등 '2급지'로 눈을 돌린 게 강남 주변 집값 급등의 원인이라고 설명했다.

지난 1980년대 말에는 지방 전셋값까지 급등, 자살하는 사람까지 생겼을 정도로 부동산 가격이 종목을 가리지 않고 올랐지만 지금은 시장 분위기가 완전히 다르다고 진단했다. 강남 중대형 평형과 기타 시장으로 양극화돼 있다는 얘기다. 즉 강남 안에서도 소형 평형이나 나 홀로 단지의 경우 집값 상승의 영향권에서 벗어나 있다고 설명했다.

이는 여러 가지 원인이 있지만 참여정부가 제대로 된 아파트를 한 채만 소유하도록 정책을 펴고 있는 게 첫 번째라고 그는 강조했다. 다만 2007년 말 대선이 주요 변수이며, '아파트 투자'에 관심 있는 사람이라면 이를 염두에 두고 조급하게 생각하지 말고 '상식'에 따라 결정하라고 조언했다.

봉 씨는 높은 가격 때문에 강남 진입이 어려운 사람들의 경우 '징검다리'를 잘 활용해야 하고, 이런 역할을 판교·분당이 해줄 수 있을 것으로 내다봤다. 향후 판교·분당이 가장 각광받는 주거축이 될 것으로 예상했다.

그는 판교 아파트의 입주가 시작되는 2008~2009년께 신분당선 개통과 더불어 판교 집값이 강남의 70% 수준까지 뛸 것이라고 예측했다. 판교는 강남과 비교해도 입지면에서 손색이 없지만, 학군 전망이 불확실하고 고급 주거 도시가 되기엔 다소 부족함이 있기 때문이다. 봉 씨는 판교 집값은 향후 강남과 분당 집값의 중간 정도에서 형성될 가능성이 높다고 말했다. 그가 예측한 판교 아파트 값은 33평형 기준으로 최고 20억 원이다. 그동안 분당 아파트 값 상승률과 10년 전매 제한 규제 등을 감안한 추정치다.

판교 후광 효과로 집값이 많이 뛴 분당의 경우 향후 상승할 여력이 더 있다고도 했다. 개포주공, 과천주공, 가락시영, 고덕주공, 둔촌주공 등 저층 단지나 은마아파트, 잠실주공 5단지 압구정현대·한양 등 중고층 단지의 재건축을 지금 풀어줘도 주민 간 이해관계 또는 인허가 등으로 향후 15년 정도 지나야 겨우 입주할 수 있는데, 정부가 재건축을 꽁꽁 묶어두고 있는 상황에서 강남 대기 수요자들의 새 아파트 거주 욕구를 채워줄 수 있는 곳이 어디인지 잘 따져보면 답이 나온다는 주장이다. 특히 50평형대 이상 중대형 평형에 대한 수요가 더욱 늘어날 것으로 내다봤다.

다만 용인 신봉·성복·동천 등 판교 남쪽 지역의 경우 난개발에 따른 교통난 등으로 인해 가격이 점차 하락할 가능성이 있을 것으로 점쳤다.

'부처님 손바닥'인 곳만 투자한다

강 씨가 말하는 투자 원칙은 '싸게 사서 비싸게 팔자', '아는 종목을 골라 장기 투자한다' 등 지극히 평범하다. 하지만 실천하기 쉽지 않은 원칙들이다.

건설회사 팀장인 강이주 씨(43세)는 대학 때부터 재테크에 관심이 많았다. 가정형편이 여의치 않았기 때문이다. 행정학을 전공한 강 씨는 대학을 다니면서 고시 공부와 주식 투자를 병행했다. 포항제철, 한국전력 등 국민주를 모집할 때 수중에 있던 전 재산을 털어 짭짤한 수익을 올리기도 했다. 졸업 후 고시 공부를 접고 건설회사에 첫 발을 내디딘 그는 업무가 부쩍 바빠진 데다 종잣돈도 없어 한동안 재테크할 여력을 갖지 못했다.

강 씨가 부동산 투자에 본격적으로 나선 것은 1990년대 중반이었다. 회사가 강남에 위치해 있어 강남 인근의 아파트를 주로 노린 것이 주효해 현재 10억 원대의 자산가가 됐다.

강 씨는 졸업 전 누님으로부터 적지 않은 도움을 받았다. 누님이 그의 이름으로 청약저축 통장에 가입한 뒤 졸업할 때까지 꼬박꼬박 납입금을 대신 내 줬던 것이다. 강 씨가 취직한 후엔 자신이 부담했지만 부동산에 문외한이던 그에게 분양 아파트에 대해 관심을 갖게 하는 계기를 마련해 줬다.

강 씨는 1990년 결혼과 동시에 송파구 잠실동에서 13평형 아파트를 얻어 신혼 살림을 시작했다. 강남의 회사로 출퇴근하기에 잠실의 소형 아파트가 제격이었다. 당시 전셋값은 2,500만 원이었다. 하지만 결혼한 지 얼마 지나지 않아 문제가 생겼다. 당초 예상보다 빨리 부모님을 모셔야 할 상황이 발생한 것이다.

집을 넓혀 가야 했고, 아파트 밀집 지역 중 전셋값이 비교적 싼 곳을 찾을 수밖에 없었다. 발품을 팔던 중 과천이 눈에 들어왔다. 과천 주공아파트 고층 27평형을 전셋값 6,000만 원에 빌렸다. 1년이나 살았을까. 집주인이 무조건 집을 비워 달라고 요구했다. 우여곡절 끝에 집을 비울 수밖에 없는 처지가 됐다. 적금까지 깨서 인근 고층 32평형에 6,500만 원으로 다시 전세로 들어갔다. 부모님까지 모시는 탓에 매번 이사다니기가 여간 불편하지 않았다. 어찌 됐건 집을 한 채 장만해야겠다는 생각이 굴뚝 같았다. 강 씨가 건설회사에 다녔으니 분양 아파트에 대한 정보는 많았다. 새 아파트가 분양될 때마다 항상 안테나를 켜두고 주변 사람 의견을 구했다.

1996년 강 씨에게 기회가 찾아왔다. 용인 수지 지구의 아파트가 대거 미분양됐던 것이다. 정보에 밝은 사람들은 수지 아파트를 분양받으면 적지 않은 돈을 벌 수 있을 것이란 소문을 알음알음 전하고 있었다.

24평형 아파트를 4,400만 원에 분양받았다. 대출은 1,200만 원까지만 받을 수 있었다. 모자란 돈을 처갓집에서 '잠시' 빌렸다. 장인이 무이자로 빌려준다고 했지만, 자존심 강한 강 씨는 매달 이자를 장인 통장에 꼬박꼬박 넣어드렸다.

수 개월 만에 수지 아파트에 프리미엄이 붙기 시작했다. 강 씨는 다급한 마음이 들었다. 500만 원의 프리미엄을 주고 같은 평형 아파트를 한 채 더 구입했다. 부모님을 모시고 살기엔 24평형 아파트가 너무 비좁다는 생각이 들었기 때문이다. 게다가 판·검사 등 유력인사들이 수지에 땅을 많이 갖고 있기 때문에 결국 이 지역이 지속적으로 개발될 것이란 미확인 정보가 파다하게 퍼져 있었다. 재테크 차원에서도 사 둘 만하다는 확신이 들었다.

돈이 부족했기 때문에 은행 빚을 많이 져야 하는 부담이 있었지만, 맞벌이였던 덕분에 이자를 갚아나가는 데는 큰 무리가 없었다. 수지 아파트 두 채를 매입한 뒤 입주할 때까지 계속 보유했다. 강 씨 부부와 부모님은 입주 후 3년이 될 때까지 이 아파트에서 실제 거주했다.

강 씨 부부와 부모님이 수지 아파트에서 3년 가량 살았던 이유는 양도소득세 때문이었다. 3년 동안 보유할 경우 양도세를 한 푼도 내지 않아도 되기 때문이다. 강 씨는 두 채를 각각 9,000만 원과 9,200만 원에 매도했다. 두 배 이상 차익을 남긴 셈이다.

그는 수지 아파트 두 채를 팔기 전 인근 죽전 택지지구에 대형 평형(52평형) 아파트를 새로 분양받아 놓았다. 택지지구여서 기반 시설이 잘 갖춰지는 데다 분당과 붙어 있어 신도시 프리미엄이 높을 것으로 판단했다. 특히 향후 중대형 평형 아파트에 대한 수요가 높아질 것으로 내다봤다.

당시 죽전의 경우, 분당 등 다른 신도시 청약 때와 달리 채권입찰제가 적용되지 않았다. 청약 때의 자금 부담이 훨씬 덜했던 것이다. 8대 1의 높은 경쟁률을 보였는데, 아내 이름으로 가입했던 청약 예금통장이 운좋게 당첨됐다. 52평형 분양가는 1억 8,000만 원이었다. 1999년 입주해 지금까지 살고 있다.

강 씨가 대형 평형에 청약했던 이유는 상승률에 대한 예측 외에 부모님과 함께 살아야 하는 상황도 크게 작용했다. 넓은 아파트에 살아야 제대로 모실 수 있었서다. 결국 큰 평형의 프리미엄이 많이 뛰었으니 항상 부모님께 감사하고 있다. 강 씨 아파트 가격은 현재 7억 원을 호가하고 있다.

강 씨가 건설회사에 다니면서 얻은 노하우가 몇 가지 있다. 수도권 남부 지역의 투자 가치가 높다는 것과 택지지구는 절대 실망시키지 않는다는 것, 그리고 중대형 평형의 프리미엄이 높다는 것 등이다.

2000년대 초 강 씨 회사가 택지지구인 파주 금촌 지구에서 아파트를 분양했다가 대거 미분양이 발생했다. 회사측은 사원들에게 미분양 아파트를 매입해 줄 것을 독촉했다. 파주는 그의 어릴 적 고향이기도 했다. 회사를 도와주자는 마음에다, 택지지구라서 투자 가치가 있을 것이란 예측이 맞아떨어져 과감하게 아파트를 한꺼번에 세 채 분양받았다. 모두 30~40평형대다. 가격은 37평형 기준으로 2억 4,000만 원이었다.

전매 제한 때문에 팔 수 없는 사정도 있었지만, 강 씨는 이들 아파트를 입주 후에도 계속 보유하고 있다. 각종 호재가 많은 상황에서 세금부

담보다 아파트 값이 더 많이 오를 것이란 믿음에서다. 이들 아파트에는 월세를 놓아 매달 사양 수준의 고정 수입을 얻고 있다.

하지만 강 씨는 아파트 추가 투자에 대해선 회의적이다. 투자 가치 높은 '미분양' 아파트를 찾기 쉽지 않은 데다, 강 씨가 갖고 있는 주택 수가 너무 늘어날 경우 관리가 힘들 것이 걱정되어서이다.

강 씨는 지금까지 부동산 투자에서 좋은 성적을 거둬왔지만, 아쉬운 경험도 많이 갖고 있다. 우선 약 15년간 부어 오던 청약 저축 통장을 수년 전 예금통장으로 전환한 게 두고두고 아쉽게 느껴지고 있다. 오래 부은 청약 저축 통장이 지금처럼 '금값' 이 되리라곤 예상치 못했던 것이다. 청약 예금통장을 갖고 있지만, 청약 저축 통장에 비하겠는가.

2000년엔 일생일대의 큰 기회를 날려 버리기도 했다. 당시 잘 알고 지내던 소위 부동산 전문가가 강 씨에게 대치동 은마아파트 매입을 권유했다. 31평형 가격이 1억 6,000만 원이던 때였다. 강 씨가 갖고 있던 죽전의 대형 평형을 팔면 은마아파트 두 채를 살 수 있었다. 죽전 아파트 가격이 당시 3억 5,000만 원쯤 했으니까.

그 부동산 전문가는 무조건 은마아파트로 갈아탈 것을 거듭 강조했다. 하지만 독실한 기독교 신자였던 강 씨는 교회 때문에 멀리 이사갈 수 없었다. 강남에서 매주 일요일 온 가족이 수지의 교회까지 이동하는 게 번거로울 것으로 생각했다. 강 씨는 교회 '장로' 를 맡고 있기도 하다.

현재 은마아파트 한 채 가격이 9억 원대임을 감안하면, 강 씨는 큰 투자 기회를 놓친 셈이다. 하지만 크게 개의치 않고 있다. 그동안 과욕을 부리지 않아서 이 정도라도 성공을 거뒀다고 여기고 있어서다.

강 씨는 1990년대 중반 상계동 18평형 아파트를 매입할까 고민했던 적이 있다. 당시 아파트 값이 7,000만 원 정도였는데, 부동산에 대해 어느 정도 '안목'이 있던 누님이 영 탐탁치 않아 했다. 잘 모르는 동네였던 데다, 가격도 비싸다는 생각이 들었기 때문이란다.

이후 안산에 아파트를 사기 위해 발품을 팔기도 했다. 회사 일이 끝나자마자 전철을 타고 안산에 도착, 중개업소를 무작정 돌아다니며 정보를 구했다. 하지만 주변 사람들 중 매입을 추천하는 이가 없었다. 굳이 무리하지 않기로 했다. 그러다 회사 사람들의 권유로 수지 아파트를 매입했던 것이다. 주변에서 강남·분당·수지 등 수도권 남부에 대해 훤히 꿰뚫는 사람이 많았다. 강 씨 자신도 어느 정도 이 지역을 알고 있다고 생각했다. '알아야' 성공할 수 있다는 믿음이 이때 생겼다.

강 씨는 향후 죽전과 파주 아파트를 모두 정리할 생각이다. 교회 때문에 어차피 멀리 이사 갈 처지가 아닌 만큼 강남 인근 주택으로 아파트 포트폴리오를 단순화할 작정이다. 이 때문에 주택 시장에 대해선 항상 관심 있게 지켜보고 있다.

강 씨가 말하는 투자 원칙은 '싸게 사서 비싸게 팔자', '아는 종목을 골라 장기 투자한다' 등 지극히 평범하다. 하지만 실천하기 쉽지 않은 원칙들이다.

강 씨는 이런 원칙을 갖고 주식 투자에 나서 적지 않은 돈을 벌기도 했다. 특히 매번 주식 시세판을 쳐다볼 수도 없는 노릇이고 보면, 정석투자를 해야 실패하지 않는다는 게 강 씨의 설명이다. 부동산이든 주식이든 시장을 정확하게 보기 위해 신문을 항상 꼼꼼하게 읽는 것은 기본이다.

 ## 제도용 컴퍼스를 재테크에 활용한다

최 씨가 컴퍼스 활용법을 신봉하는 이유는 지역에 따른 차별화 현상이 심화될 것이란 예측에 근거를 두고 있다. 즉 '지금 뜨고 있는 지역이 더 뜨는' 현상이 앞으로 더욱 두드러질 것이란 예상이다.

A군: "샐러리맨이 월급 모아 집 장만하려면 얼마나 걸릴까?"
B군: "5년, 10년, 20년?"

정답은 27년이다. 서울에서 평범한 샐러리맨이 대출 없이 저축만으로 32평형 아파트를 장만하려면, 최소 27년이 걸리는 것으로 최근 조사 결과 나타났다. 월 평균 가계 흑자액 63만 3,000원과 3년 만기 회사채 금리 연 4.34%(2005년 말 기준), 서울 아파트 평균 매매가격(32평형 3억 2,955만 원) 등을 토대로 계산한 수치다.

문제는 샐러리맨들의 내 집 마련 기간이 갈수록 늘어난다는 것이다. 지난 2005년 서울에서 32평형 아파트를 장만하는 데 걸리는 기간이 2000년보다 무려 8년 7개월이나 길어졌다.

직장에 첫 입사한 사회 초년생들이 월급만 꼬박꼬박 모아선 재테크는커녕 내 집 마련조차 힘들다는 얘기다. 은행 금리는 낮은 반면 부동산 값은 뛰고 있으니, 은행 상품에만 가입해선 '기본'도 하기 어렵게 됐다.

무일푼 직장인이 단기간에 재테크 하나로 내 집 마련의 꿈을 이뤘다면 일반 사람들에겐 전형(role model)이 될 만하다.

공기업 대리인 최필구 씨(35)는 이런 점에서 무척 두드러진 사람이다. 지난 1998년 무일푼 상태에서 기업에 입사한 뒤 부동산 재테크로만 내 집 마련을 포함, 7~8억 원을 모았다. 최 씨는 10년 내 수십억 원대의 자산가가 되는 게 결코 불가능하지 않다고 믿고 있다.

서 씨는 치열한 경쟁률을 뚫고 공기업에 합격하긴 했지만 돈이 문제였다. 서울 송파구 고덕동에 살던 최 씨는 설상가상 아버지까지 편찮게 되자 살던 집을 담보로 잡혔다. 가진 게 그야말로 부모님의 단독주택 한 채였기 때문에 앞이 캄캄했다. 재테크가 아니라면 희망이 없어 보였다. 대학 땐 관심조차 없었지만 '돈을 벌기 위해' 부동산 공부에 매달리기 시작했다.

최 씨의 부동산 공부는 지극히 단순했다. 무작정 '현장'을 누비는 방법이었다. 우선 토요일에는 주요 지역의 부동산 중개업소를 찾아다녔다. 그 지역에서 가장 가격이 높게 형성된 아파트를 뽑은 다음 그 이유를 일일이 노트에 정리했다. 일종의 투자분석서가 만들어졌다.

중개업소가 문을 닫는 일요일에는 주로 모델하우스를 방문했다. 새로 짓는 아파트 가격은 분양가 아래로 떨어지지 않는다는 점을 이때 배웠다.

1여 년이 지나자 최 씨의 눈에 서서히 '부동산'이 들어오기 시작했다. 이전에는 경제 신문을 읽어도 뭔 얘기인지 통 알 길이 없었지만, 이후엔 한 줄 한 줄 밑줄까지 그으면서 충분히 이해하게 됐다. 그만큼 관심이 높아졌을 뿐더러 부동산을 보는 안목도 넓어졌다.

다른 곳으로 이사를 가더라도 전세를 살게 되면 영원히 세입자로 살아야 될 것 같은 긴박감이 엄습했다. '뭔가를 사야겠다'는 생각이 굳어지자, 첫 투자에 나섰다.

서울 및 수도권 일대를 돌던 중 광명시에 들렀던 최 씨는 철산주공 아파트가 눈에 들어왔다. 무엇보다 수도권 재건축 아파트여서 가격이 싼 점이 매력이었다. 돈이 한 푼도 없었기 때문에 회사에서 2,600만 원을 대출받았다. 일종의 신용 대출인 셈이다. 1999년 9,600만 원짜리인 주공 아파트 28평형을 전세금 7,000만 원에다 대출을 보태 매입했다. 회사에서 저리 대출을 받았기 때문에 금리 부담도 거의 느끼지 않았다.

이 아파트를 3년 비과세 기간까지 보유하고 있다가 2001년 2억 원에 매도했다. 세금을 한 푼도 내지 않고 앉아서 1억 원을 벌 수 있었다.

철산주공 아파트를 보유하고 있던 시점에 서울 당산동의 S아파트를 청약했다. 입사 직후 300만 원짜리 청약 예금에 가입해 둔 게 효자 노릇을 했다. 당시 25평형을 1억 3,500만 원에 사서 1년 만에 분양권 상태로 되팔았다. 세금을 빼고도 프리미엄만 5,000만 원에 달했다.

무일푼에서 당장 1억 5,000만 원의 현금을 손에 쥐게 된 최 씨는 좀 더 과감한 투자를 시도했다. 재건축 아파트가 사업 진척도에 따라 가격 상승률이 높다는 점을 간파하고, 철산주공 아파트의 갈아타기에 나섰다. 28평형을 팔자마자 32평형을 매입했다. 당시 시세가 1억 6,000만 원이었는데, 자기 돈 4,000만 원에다 전세금 1억 2,000만 원을 합해 매입했다. 현재 시세는 3억 원을 훌쩍 넘어서고 있다.

나머지 돈으로 역시 같은 아파트 13평형을 매입했다. 전세금 3,000만 원을 끼고 1억 원에 매입했다 1억 6,000만 원에 되팔았다. 재건축 아파트에 대한 호재들이 잇따르자 조급한 마음이 들어 철산주공 13평형을 다시 비슷한 가격으로 매입했다. 지금까지 들고 있는 이 아파트의 시세 역시 3억 원에 육박하고 있다. 재건축 추진에 따른 결과다.

최 씨는 주로 재건축 아파트를 여러 번 사고 팔았지만, 정작 자신은 쾌적한 곳을 찾아 분당 신도시의 전세 아파트로 이사를 갔다. '투자 따로, 생활 따로' 인 셈이다.

최 씨가 현재 소유하고 있는 아파트는 철산주공 아파트 두 채이다. 하지만 1가구 2주택 요건에 해당하지 않는다. 한 채의 재건축 속도가 빨라 이미 멸실됐기 때문에 1가구 1주택 소유자로 분류된다. 세금 부담이 거의 없는 셈이다.

최 씨의 정보력은 사실 신문에서 나온다고 해도 과언이 아니다. 경제신문을 읽는 데 하루 두 시간을 투자한다. 미세한 정보는 '현장'에서 얻을 수 있지만, 거시적 안목을 키우는 데 신문만큼 좋은 교사가 없다는 게 최 씨의 지론이다. 눈에 띄는 기사는 스크랩한다.

최 씨는 부동산은 주식과 달라서 거시적 안목이 특히 중요하다고 강조했다. 단기 호재에 흔들리지 말아야 한다는 믿음이다. 특히 요즘같이 현금유동성이 풍부하고 상당수가 부동산을 재테크로 인식하는 상황 아래서는 시장 흐름을 꿰뚫고 있는 게 무엇보다 중요하다고 했다.

최 씨가 눈여겨보는 부동산 경제 지표가 있다. 바로 그 해의 주택 건설 승인 물량이다. 연초마다 전년도의 사업 승인 확정 물량이 발표되는데, 이 추이가 아파트 값 흐름에 가장 큰 역할을 한다고 강조했다. 우리나라의 한 해 아파트 사업 승인 물량은 **35만 호** 정도가 적정한데, 만약 이보다 적으면 3~4년 후 아파트 공급이 줄게 된다. 공급이 줄면 가격이 오르는 것은 불문가지다. 하지만 이보다 많으면 향후 아파트 공급이 많아져 가격 상승에 제한을 받게 된다는 논리다.

'주택 건설 승인 물량' 지표가 중요한 이유는 바로 선(先)투자에 나설 수 있는 장점이 있기 때문이다. 물론 우리나라의 주택 시장에는 정부정책, 금리, 경제 상황 등 다양한 변수들이 많지만, 수요·공급 물량의 영향이 가장 크기 때문에 이 수치를 투자의 바로미터로 삼고 있다는 게 최 씨 설명이다.

최 씨는 최근 들어 제도용 기구인 '컴퍼스(compass) 활용법' 신봉자가 됐다. 가끔 지도 위에 컴퍼스로 큰 원을 그려보는 게 습관이다. 예를 들어 서울시 전도 등 큰 지도를 펼쳐 놓고 컴퍼스를 이용해 거리를 계산해 본다. 이때 가장 중요한 것은 중심을 어디로 잡느냐는 것이다.

예전에는 시청을 중심으로 반경 **10~20km** 정도를 계산했지만 지금은 아니다. 시청을 중심으로 하다 보면 강남 이남 지역이 소외되기 때문이다. 또 강북 지역이 불필요하게 많이 포함되는 단점도 있다.

이제는 강남역이 새로운 중심이다. 최 씨는 최대 반경 **20km**까지 투자 가치가 있다고 믿고 있다. 강남역을 중심으로 큰 원을 그려 보면 대체로 현재 아파트 값이 높게 형성돼 있는 지역이 한눈에 들어온다. 강남역에서 10km 거리인 동부이촌동을 비롯해 목동, 압구정동, 도곡동, 대치동은 물론 남쪽으로 분당 신도시까지 넓게 포함된다. 남서쪽으로 광명시도 포함된다. 도봉구 쌍문동 등은 용인시 외곽 지역에 해당할 만큼 거리가 먼 것으로 측정된다. 일산 신도시 역시 당연히 제외된다. 컴퍼스 계산 방식에 따르면, 지난 1990년대 비슷한 시기에 개발됐던 분당과 일산의 운명이 정확하게 엇갈린다.

최 씨는 최근 판교 신도시 후광 효과로 가격이 급등한 용인 지역 아파트에 대해선 '경고등'을 켜야 한다고 지적했다. 컴퍼스 계산 방식으로 강남역 중심에서 거리가 20km를 벗어나기 때문이다. 강북 지역 아파트 값보다 더 비싼 용인 지역 아파트 값엔 거품이 끼어도 너무 많이 끼었다는 게 최 씨의 판단이다.

특히 서울~용인 간 고속화도로 건설로 교통난 개선이 예상되고 있지만, 실제로 개통된 후라도 그 효과는 크지 않을 것으로 내다봤다. 왕복 6차선 도로가 서울 톨게이트 인근에선 4차선으로 줄어들면서 보틀넥(병목) 현상이 불가피하다는 것이다.

하지만 광명시의 아파트에 대해선 후한 점수를 줬다. 최 씨 자신도 광명 아파트를 몇 번 사고 팔면서 상당한 재미를 봤기 때문이다.

광명시의 경우, 중국 수출입 확대에 따른 수혜를 볼 수 있는 대표적인 곳이란 게 최 씨의 예측이다. 지금까지 부산권 수출 때문에 경부고속도로 축이 발달했다면, 앞으로는 중국 수출로 인해 서해안 축이 유망할 것이란 논리다. 송도·청라 지구 등이 뜨고 있는 이유와 같다는 것이 그의 설명이다. 또 지하철 7호선, 남부간선도로, 제2 경인고속도로, 서해안고속도로, 고속철도 등 교통 호재가 풍부하니, 앞으로 유망하다고 설명했다.

최 씨가 컴퍼스 활용법을 신봉하는 이유는 지역에 따른 차별화 현상이 심화될 것이란 예측에 근거를 두고 있다. 즉 '지금 뜨고 있는 지역이 더 뜨는' 현상이 앞으로 더욱 두드러질 것이란 예상이다.

주택 소유자들은 더 나은 주택, 즉 고급주택에 대한 소유 심리를 갖고 있는데 고급주택은 대개 핵심 지역에 몰려 있다. 그래서 선망의 대상이 될 수밖에 없다. 때문에 비핵심 지역의 주택에서는 이탈 심리가 형성되는 반면, 핵심 지역 주택에서는 강력한 '우리끼리' 커뮤니티가 이뤄지게 마련이다. 시장 원리로 보면, 핵심 지역에 대한 수요가 공급을 초과하고 있으니 가격이 계속 상승할 수밖에 없다는 계산이다.

특히 정부가 다주택 보유자에 대해 중과세 정책을 펼치고 있어 이 같은 현상이 더욱 심화할 것으로 전망된다. 세금이 아까워 일부 주택을 팔아야 한다면, 당연히 비핵심 주택을 먼저 처분하려고 할 것이기 때문이다. 정부의 다주택 보유자에 대한 중과세 방침이 발표된 후 강남 지역 아파트 값은 상승한 반면 강북 및 수도권 외곽의 아파트 값은 하락한 것이 이 같은 예측을 뒷받침 해 준다.

Key Point

최필구 씨의 투자 원칙

01. 컴퍼스를 활용하라
02. 최저 금리 대출을 찾아라
03. 지역 대표 아파트를 분석하라
04. 비과세 요건을 맞춰라
05. 주택 건설 승인 물량에 주목하라
06. 핵심 지역 아파트 더 오른다
07. 거시적 안목 키워라

강남 거주자들의 투자 성향

01. 포트폴리오 : 여유 자금의 부동산 의존도 높음
02. 투자 대상 : 강남 · 송파 · 서초구 및 분당 아파트 선호
　　　　　　　투자가 쉬운 소형 평형이나 재건축 아파트
03. 목적 : 자녀 증여 · 시세 차익 · 임대 수입 순
04. 특징 : 대출을 끼지 않고 여유자금 투자 많음
　　　　　세금 정책 변화에 민감하게 반응

(자료 : 은행 PB업계 분석)

# 고민하고 또 고민하고

노 씨 재테크의 특징은 '고민'을 많이 한다는 점이다. 그만큼 진지하게 분석할 수 있다. 투자를 하기에 앞서 제1안, 제2안, 제3안을 가상하고, 장단점을 체크하는 것이다. 이것은 재테크의 실패율을 줄일 수 있는 좋은 습관이다.

노용환 씨(37·경기 일산 거주)를 경기도 일산의 한 대형 아울렛 커피숍에서 만났다. 평일 오후였는데도 캐주얼한 반팔 티셔츠 차림이었다. 일반 회사원과는 사뭇 다른 모습이어서 "혹시 휴가 중인지"를 물었다. '특별한 직업이 없기 때문에' 편하게 다닌다고 했다.

노 씨는 현재 '재테크'를 위해 직장 생활을 모두 정리한 상태다. 재테크 관련 서적을 세 권 출간했고 재테크 강사로도 활동하고 있다. 평소에는 시시각각 변하는 재테크 환경을 분석하면서 시간을 보낸다.

노 씨는 '은수저(silver spoon)'를 입에 물고 태어난 사람이 아니었다. 부산에서 대학을 졸업한 다음 일자리를 찾아 무작정 상경했다. 막상 기거할 곳을 찾는 게 급선무였다.

외국 의료기기 회사의 마케팅 담당으로 사회에 첫발을 내디딘 노 씨는 회사에서 가까운 경기 성남시의 반지하 주택을 전세 800만 원에 빌렸다. 1995년 초, 노 씨가 28세 되던 해였다.

반지하 주택에 살면서 '주거 환경이 나은 곳으로 빨리 옮겼으면…' 하는 생각을 자주 했다. 여름엔 곰팡이 때문에, 겨울엔 보일러가 터져서 골치가 아팠기 때문이다. 공대 출신이어서인지 원래 재테크엔 관심조차 없었지만 일단 '공부'를 시작했다. 재테크 서적을 몇 권 사서 읽다가 경제 신문과 PC통신을 통해 '돈 버는 방법'을 하나씩 습득해 나갔다.

외지 생활 1년 만에 결혼하면서 전세 2,800만 원짜리 다세대주택으로 이사했다. 일단 반지하 생활을 탈출한 것은 성공인 셈이었다. 결혼 직후부터 '집을 장만하야겠다'고 마음먹은 노 씨는 주변 아파트부터 물색하기 시작했다.

우선 새 아파트를 분양받을 것이냐, 기존 아파트를 살 것이냐 선택을 해야 했다. 하루 빨리 좀 더 나은 주거 환경으로 옮기기 위해선 아파트 입주 때까지 기다려야 하는 '분양'은 마땅치 않았다. 그래서 기존 아파트를 사기로 결심했다.

여러 곳을 다니며 발품을 팔아 보니 용인 수지 1지구의 1억 원짜리 아파트와 분당의 1억 3,000만 원짜리 아파트가 좋아 보였다. 둘 다 25평형 주공 아파트였는데, 분당의 주공 아파트가 좀 더 오래되었다.

노 씨는 당시 거주하고 있던 다세대주택의 전세금에다 대출 2,000만 원, 부모님이 주신 돈 2,000만 원, 1년간 맞벌이로 모은 자금 등을 합해 용인 아파트를 구입했다. 분당 아파트를 선택하면 대출액이 커질 게 두

려웠다. 이렇게 노 씨는 첫 재테크로 내 집 마련을 선택했다.

노 씨는 1998년 외환 위기가 닥치자 직장 생활에 회의가 들었다. '샐러리맨의 비애'를 느꼈다고나 할까.

막상 회사를 그만두려니, 노 씨에게 주어진 길은 세 갈래로 요약됐다. 첫째는 이민 가는 방법을 생각해 봤다. 외국계 회사에서 근무했고 의사소통 능력이 있으니 괜찮을 것 같았다. 하지만 결정적으로 아내가 평생 직업으로 생각하고 있는 교사 일을 그만두게 할 수는 없었다.

다음으로 좀 더 나은 조건으로 직장을 옮기는 방법이 있었다. 대형 외국계 회사에서 마케팅과 컨설팅 일을 했으니 전직(轉職)이 어렵지 않았다. 하지만 생활 자체가 이전과 크게 달라질 건 없어 보였다.

마지막 선택은 창업이었다. 고민을 거듭할수록 이쪽으로 마음이 기울었다. 일단 퇴직금과 여유 자금 등을 합해 7,000만 원의 창업 자금을 확보했다. 지역과 업종을 선택하는 문제가 남았다.

우선 남성 헤어컷 전문점을 첫 번째 창업 대상으로 고려했다. 성남시를 비롯한 잠실, 한양대, 경희대, 홍대 등 각 대학 주변을 훑으면서 상권을 연구했다. 하지만 답이 나오지 않았다.

업종을 정하지 않은 상태에서 무작정 홍대 앞의 10평짜리 가게를 임차했다. 보증금 3,000만 원에 월 100만 원씩 내는 조건이었다. 마음이 급해졌다. 다음날 새벽부터 개성 있고 소비 성향이 강한 홍대 앞의 상권 지도를 그리며 정밀 분석에 나섰다.

홍대 앞에서 가게를 낼 수 있는 업종은 제과점 또는 아이스크림 전문점이란 결론을 내렸다. 제과점을 차리자니 예산이 1억 3,000만 원 가량 소요될 것으로 파악됐다. 대출이 과다하게 발생하는 단점이 있었다.

창업 자금 총 1억 원을 들여 생과일 아이스크림 전문점을 차렸다. 무엇보다 브랜드 인지도가 없어도 맛이 있다면 충분히 고객을 모을 수 있을 것으로 자신했다. 창업 첫 해 은행 대출금 3,000만 원을 모두 갚을 수 있었다.

홍대 앞에서 아이스크림 가게를 하던 중 1999년 10월, 서울 성산동의 시영 아파트(22평)로 이사를 갔다. 전세 6,000만 원짜리였다. 수지 1지구의 아파트는 당시 세입자에게 1억 650만 원에 넘겼다. 외환 위기 여파로 아파트 값이 급락하던 때였음을 감안하면, 손해 보지 않은 게 다행인 상황이었다.

가게가 잘 굴러갔고 아내의 수입도 있었기 때문에 여유가 생겼다. 2000년 말부터 다시 투자 대상을 찾기 시작했다. 투자금은 약 1억 원이었다.

노 씨가 후보로 꼽은 것은 목동 3단지 27평형과 일산 강촌마을 32평형 주공 아파트였다. 시세가 1억 5,000만 원으로 엇비슷했다. 노 씨는 은행에서 5,000만 원을 대출받아 일산의 32평형 아파트를 선택했다. 아내의 직장, 가게와의 거리 등을 따져봤을 때 일산이 낫다고 판단했기 때문이다. 일산 아파트의 시세가 현재 4억 원대인 반면, 목동 아파트는 6~7억 원을 호가하고 있으니 생각해 보면 지역 선택을 잘못한 셈이다. 하지만 후회는 하지 않고 있다. 무일푼으로 출발해 32세의 젊은 나이에 32평짜리 아파트 장만에 성공했으니 말이다.

2001년 11월, 가게가 세 들어 있던 빌딩 주인이 임대료를 대폭 올려 버렸다. 노 씨는 장사할 마음이 싹 사라졌다. 가게를 모두 정리하고 나니, 무형의 이익이 7,000만 원 생긴 것을 알게 됐다. 처음 임차계약을 하면서 전세입자에게 권리금을 2,000만 원 줬었는데, 장사가 잘 되면서 영업권리금이 9,000만 원으로 올라가 있었던 것이다.

대출금을 모두 갚고 나자, 일산 아파트 한 채와 현금 1억 원이 남았다. "1억 원으로 뭘 할까" 고민하기 시작했다. 선택은 두 가지였다. 아파트값이 완만한 상승세를 보이는 때였으니 전세를 끼고 아파트를 한 채 더 살 수 있었고, 아니면 월세가 나오는 상가에 투자할 수도 있었다. 노 씨는 당시 직업이 없었기 때문에 고정 임대료를 받을 수 있는 후자를 선택했다.

용인 수지 2지구의 단지 내 상가가 매물로 나왔다. 시세는 대략 2억 1,500만 원이었다. 보증금 3,000만 원에 월 200만 원의 안정적인 수익이 보장되는 곳이었다. 살고 있던 아파트를 담보로 9,000만 원의 담보 대출을 받아 이 상가를 계약했다. 매달 임대료를 받으니 대출 이자를 충당하고도 많이 남았다. 딱 1년 6개월을 소유한 뒤 3억 1,000만 원을 받고 이 상가를 되팔았다. 차익은 또다시 1억 원이었다.

일정 직업이 없다는 것은, 그만큼 재테크 공부를 할 수 있는 충분한 시간을 확보했다는 뜻이다. 노 씨는 재건축 아파트가 부동산 재테크의 '핵'이란 점을 간파했다. 특히 주공 아파트 가운데 재건축이 예정된 곳만 골라 집중 연구했다. 주공 아파트는 보통 입지가 좋은 핵심 지역이나 택지 개발 지구에 위치해 있으면서도 가격이 상대적으로 저렴했기 때문이다.

대지 지분이 넓은 주공 아파트를 고르기 위해 등기부 등본을 일일이 열람했다. 이렇게 모은 등기부 등본만 수백 통에 달할 정도였다. 같은 평형의 아파트라도 대지 지분이 넓을수록 주거 쾌적성이 뛰어날 뿐만 아니라, 재건축이 진행되면 투자 수익도 높다는 게 노 씨의 지론이다.

우선 2002년 10월, 수원의 16평짜리 주공 아파트를 전세 4,500만 원을 끼고 1억 3,500만 원에 매입했다. 당시 재건축이 본격적으로 추진되기 전이어서 가격이 저렴한 편이었다. 이 주공 아파트는 16평짜리의 대지 지분이 27.3평으로 특히 넓은 편이었다. 재건축이 시작되기만 하면 가격 상승은 불을 보듯 뻔했다. 예상대로 재건축 진행과 함께 현재 3~4억 원을 호가하고 있다.

2003년엔 같은 방식으로 대지 지분이 큰 분당의 18평짜리 주공 아파트를 1억 1,400만 원에 샀다. 전세금 6,900만 원을 끼고 사니 대출 없이 4,500만 원의 현금으로 매입할 수 있었다. 재건축이 진행되면서 가격이 두 배 이상 오른 상태였다.

노 씨는 아파트를 고를 때는 특히 '땅'을 잘 봐야 한다고 몇 번이나 강조했다. 노후화된 아파트를 매입할 때 대지(땅) 지분이 넓은 곳을 선택해야 한다는 것이다.

또 같은 지역 안에서도 단지별 차별화가 심화하고 있기 때문에 반드시 선도 단지를 골라야 한다고 강조했다. 강남도 같은 강남이 아니란 얘기다. 단지별 차별화 현상은 시간이 갈수록 심해질 것으로 예상했다.

상가에 투자할 때일수록 '공부'를 많이 해야 한다고 조언했다. 상가는 '투명하지 않은' 부동산 상품이기 때문이다. 상가에 투자하고 싶다면 쇼핑몰이나 근린 상가보다 우선 단지 내 상가에 접근하는 게 쉽다고 했다. 하지만 주변 배후 세대의 소득 수준이나 규모, 상권의 독점성 등을 꼼꼼하게 따져 봐야 한다고 충고했다. 투자 초보자일수록 조금 비싸더라도 1층 목 좋은 곳을 선택해야 실패율을 줄일 수 있으며, 업종도 부동산 중개업소나 슈퍼마켓 외에는 쳐다보지 않는 게 현명하다고 조언했다.

노 씨 재테크의 특징은 '고민'을 많이 한다는 점이다. 그만큼 진지하게 분석할 수 있다. 투자를 하기에 앞서 제1안, 제2안, 제3안을 가상하고, 장단점을 체크하는 것이다. 이것은 재테크의 실패율을 줄일 수 있는 좋은 습관이다. 이런 점에서 일반 투자자들이 따라할 수 있는 좋은 역할 모델(role model)이 될 만하다.

노 씨는 무리하지 않았다. 대출이 과다하지 않으니 서둘러 '손절매'할 이유가 없었다. 성공할 수 있다는 확신이 70~80% 이상 서지 않으면 투자하지 않았다. 이 같은 확신이 꼼꼼한 분석력에서 나왔음은 두말할 필요가 없다.

하지만 기회가 왔다고 여기면 주저하지 않았다. 상가와 아파트 두 채를 비슷한 시기에 한꺼번에 사들이기도 했다. 이때도 철저한 수입·지출 분석을 통해 월 임대료로 대출 이자를 충당할 수 있는 수준에서 결정했다.

특히 노 씨가 투자 대상으로 주목했던 상품은 바로 주공 아파트였다. 주공 아파트의 가장 큰 매력은 입지가 뛰어난 핵심 지역에 위치해 있는 경우가 많다는 것이다. 대한주택공사가 개발하기 때문에, 보통 국가가 소유하고 있던 땅이나 대단위 택지 개발 지구에 들어서는 게 보통이다. 도로 등 교통 환경이 아무래도 민간 건설업체들이 개발할 때보다 나을 수밖에 없다.

주공 아파트는 또 대개 500가구 이상 대단지로 개발된다. 수천 가구의 주공 아파트도 많다. 대단지 아파트의 장점은 아파트를 사거나 팔기 쉽다는 것이다.

가격이 주변시세보다 저렴한 점도 주공 아파트의 장점이다. 개발할 때부터 분양가가 민간 아파트보다 낮게 책정되는 탓이다.

따라서 재건축 대상인 주공 아파트의 가치는 특히 높은 편이다. 아파트 값이 낮은 대신 입지가 좋은 곳에 위치해 있는 데다 대지 지분도 넓은 편이기 때문이다. 노 씨도 주공 아파트를 여러 채 사고 팔면서 이익을 남겼지만, 모두 재건축 호재가 있는 것만 골라 성공할 수 있었다.

주공 아파트에는 저소득층이 주로 거주한다는 '선입견'이 있던 때가 있었다. 이는 주공 아파트 값을 낮추는 요인으로 작용하기도 했다. 특히 주공이 임대 아파트를 대거 공급하면서 주공 아파트의 이미지가 더욱 훼손된 것도 사실이다.

하지만 주공 아파트의 장점이 알려지면서 주공 아파트에도 고급 수요가 조금씩 몰리고 있다. 2005년 주공이 발표한 '주공 아파트 입주 가구 거주 현황 분석' 자료에 따르면, 1995년 집을 소유한 사람이 주공 아파트에 입주한 비율은 11.6%에 불과했지만, 2004년엔 29.8%로 10년간 2.6배 늘어났다. 주공 아파트에 입주한 주민 열 명 중 세 명은 이미 다른 곳에 집을 갖고 있는 '유주택자'란 얘기다. 주공 아파트의 '커뮤니티'

도 이전과 많이 달라졌다는 뜻이기도 하다.

하지만 주공 아파트를 고를 땐 민간 아파트보다 더욱 꼼꼼하게 따져 봐야 할 요소가 적지 않다. 가격이나 입지만 고려해선 안 된다. 투자 가치를 우선시하고 있다면, 무엇보다 '향후 발전 가능성'을 염두에 둘 필요가 있다. 재건축이 추진될 경우 기간은 얼마나 걸릴 것이며, 현재 평형 대비 얼마나 큰 평형을 배정받게 되는지 등을 포함해서 염두에 두어야 한다는 말이다.

Key Point

전용면적이냐, 전유면적이냐

정부가 재건축 규제를 강화하면서 리모델링으로 방향을 선회하는 아파트가 늘고 있다. 그런데 이 리모델링의 증축 기준이 전용면적인지 전유면적인지를 놓고 혼선이 일고 있다. 주택법 적용을 받는 리모델링은 기존 전용면적의 30%까지 증축이 가능한데 이 기준이 단순히 '전용면적'으로만 되어 있는 것이 화근이다. 리모델링을 추진하는 노후 단지들의 경우, 등기부 등본상 전용면적과 건축물 관리대장상 전용면적(전유면적)이 상당한 차이를 보이기 때문이다.

리모델링을 추진하는 조합측은 증축 범위를 최대한 확대하기 위해 건축물 관리대장상 전용면적을 기준으로 삼고 싶어 하지만, 정부에선 확답을 주지 못하고 있는 상태다. 예를 들어 서울 대치동 은마아파트 31평형의 경우, 전용면적은 23.23평이지만 전유면적은 28.79평이다. 리모델링 추진위원회 측은 전유면적을 기준으로 할 경우 31평형은 최대 45평, 34평형은 최대 50평까지 증축할 수 있는 것으로 계산하고 있다. 하지만 등기부상 전용면적을 기준으로 하면 각각 38평, 41평으로밖에 넓힐 수 없다.

은마아파트뿐만 아니라 대치동 청실아파트 등 일부 노후 단지의 전용면적도 전유면적과 차이가 나고 있다.

민감한 재산권 문제인데도 확정된 기준이 없는 것이다. 증축 기준이 전용면적이냐, 전유면적이냐에 따라 재건축 대신 리모델링을 추진해 온 아파트들의 희비가 엇갈릴 것 같다.

최상층 펜트하우스만 노린다

최상층이 이미 많은 사람들이 선호하는 핵심 주거층으로 인식되고 있으며, 무엇보다 '부자'들이 좋아한다는 점이다. 따라서 실거주 목적뿐만 아니라, 투자 가치까지 동시에 고려하고 있다면 더 비싸더라도 최상층을 고르는 게 낫다.

'최상층엔 뭔가 특별한 게 있다'

부동산을 사고 팔면서 수십억 원 대의 부를 축적한 황태규 씨(42)는 십여 년 전 우리나라에 '조망권' 개념이 없을 때 홍콩에 가서 일종의 충격을 받고 돌아왔다. 홍콩의 야경이 '100만 달러짜리'라고들 하지만 산비탈 주상복합의 최상층 펜트하우스 가격이 높아도 너무 높았기 때문이다. 바로 조망권 때문이었다. 당시 우리나라에선 고층을 오히려 회피하는 사람들이 많았다. 왠지 모르게 불안하고 어지럽다는 이유였다. 특히 노년층은 최상층이라면 고개를 절레절레 흔들 정도였다. 때문에 젊은층 일부만 최상층 아파트를 선호했고, 최상층 가격이 가장 낮게 거래됐다.

황 씨는 홍콩의 경우, 시신을 넣은 관(棺)조차 세로로 묻을 정도로 땅값이 비싸다지만, 우리나라의 땅값 역시 만만치 않기 때문에 앞으로 도시

마다 고층 아파트가 많이 지어질 것으로 예상했다. 또 최상층 가격이 홍콩과 같이 가장 비싸질 것이란 생각을 갖게 됐다.

황 씨는 홍콩에서의 이런 경험을 바탕으로 초고층 아파트가 들어서면 언제나 최상층 펜트하우스만을 고집하는 전략을 구사했다. 특히 강남 핵심 지역이나 한강변 등의 조망권이 좋은 아파트에선 최상층 아파트 가격이 점차 높아졌지만 무리를 해서라도 꼭 꼭대기층의 아파트만을 매입했다. 요즘 조망권이 급부상하면서 최상층 아파트 가격이 천정부지로 치솟고 있다는 사실은 두말할 나위가 없다.

펜트하우스(Penthouse)의 사전적 의미는 '옥상 가옥'이다. 요즘엔 최고급 주거 공간이란 뜻으로 바뀌었다. 최상층 펜트하우스는 가격 면에서 단연 최고다. 실제 국세청이 매년 발표하는 평당 가격(기준 시가)이 가장 비싼 아파트로, 서울 삼성동 아이파크 104평형 펜트하우스가 기록되기도 했다.

최상층이 이처럼 큰 인기를 모으는 또 다른 이유는 희소가치 때문이다. 일반적으로 한 단지 안에서 로열층은 수십에서 수백 개 나올 수 있지만, 최상층 아파트는 보통 10개 안쪽이다. 건설회사들이 아파트를 지으면서 전용 정원과 상대적으로 높은 층고 등을 제공하자 더욱 인기다.

희소성 덕분에 최상층 아파트의 인기가 높아지면서 최상층만이 누리는 프리미엄이 붙기 시작했다. '최상층에 산다'는 사실 자체가 신분상의 큰 의미를 갖게 됐다는 얘기다.

요즘 아파트 매매 동향을 살펴보면 '좋은 물건이 더 잘 팔리는' 현상을 곳곳에서 목격할 수 있다. 비싸더라도 대중이 선호하는 물건이 거래가 더 잘 이뤄질 뿐만 아니라 가격상승률도 높다.

2005년 여름, 서울 서초동에서 분양됐던 호화판 오피스텔 '부띠크 모나코'가 모델하우스를 연 지 닷새 만에 100% 계약률을 기록한 것도 이같은 새로운 트렌드와 무관하지 않다. 이 오피스텔은 아파트보다 비싼 평당 2,900만 원짜리였지만, 상위 1%만을 위한 'VVIP(Very Very Important Person)' 마케팅이 빛을 발했다. 이 오피스텔은 이미 웃돈만 최소 3억~4억 원 붙어 있는 것으로 알려지고 있다.

요지는 최상층이 이미 많은 사람들이 선호하는 핵심 주거층으로 인식되고 있으며, 무엇보다 '부자'들이 좋아한다는 점이다. 따라서 실거주 목적뿐만 아니라, 투자 가치까지 동시에 고려하고 있다면 더 비싸더라도 최상층을 고르는 게 낫다.

특히 폭이 넓은 강이나 푸른 산, 들판(또는 골프장) 등을 조망할 수 있는 입지라면 더욱 좋다. 골프장을 조망할 수 있는 경기 용인의 D아파트는 최상층이 분양 초기 모두 팔렸지만, 1~3층 저층의 경우, 2년간 미분양 상태가 유지되기도 했다. 최상층과 저층 간 극명한 차이가 발생한 셈이다.

일부 최상층의 경우 아파트 옥상을 자신의 정원처럼 쓸 수 있는 곳이 있다. 요즘엔 설계 단계에서부터 복층형으로 지어 옥상에 개인 정원을 만들기도 한다. 이런 곳이라면 아파트 안에서 단독주택과 같은 안락한 생활이 가능하다. 그래서 투자 가치가 더욱 높아질 수밖에 없다. 웃돈을 좀 더 주더라도 이런 곳을 공략해야 더 큰 수익을 거둘 수 있다는 사실을 황 씨의 사례가 증명해 준다.

택지지구 투자는 불패신화

택지지구 내에선 무조건 시범 단지 아파트를 노려야 한다. 시범 단지는 택지지구 안에서 노른자위 땅에 위치하는 경우가 대부분이다. 시범 단지 분양이 성공해야 다른 블럭의 아파트 분양도 순조롭기 때문이다.

'강남 불패'란 말이 있다. 서울 강남 지역의 주택을 사 놓으면 가격이 절대 떨어지지 않는다는 속설이다. 물론 항상 '참'은 아니다. 강남 지역의 아파트 값도 시장 상황에 따라 등락을 거듭하기 때문이다. 가격 꼭지점에 사서 침체기에 되팔면 당연히 손해다.

하지만 강남 지역의 아파트 값은 호황기에 수도권 다른 지역의 아파트 값보다 먼저 오르는 경향이 있다. 부동산 시장의 바로미터 역할을 하는 게 바로 강남 아파트 값이다. 강남 아파트 값이 오르는 추세가 확인되고 나서야 다른 지역의 아파트 값이 움직이기 시작한다.

하지만 강남 아파트는 동시에 '고평가'의 리스크를 항상 안고 있다. 강북 등 다른 지역의 아파트보다 가격이 서너 배 높은 게 보통이다. 무주택자가 처음 집 장만에 나설 때 강남에 입성하고 싶지만, 쉽지 않은 것은 바로 이 같은 가격 접근성 때문이다.

가격의 벽이 높다면, 차선을 찾을 일이다. 강남의 대안은 수도권 택지 개발지구다. 강남 못지않은 '입지'를 갖춘 곳도 적지 않다. 또 각종 편의 시설이 다 갖춰지기 때문에 인기가 높은 편이다. 쾌적성이나 편의 시설만 놓고 보면, 대규모 택지지구가 강남보다도 낫다.

부동산으로 제법 큰돈을 모은 김승기 씨(44)는 일찌감치 택지지구의 매력에 눈을 뜬 사람이다. 중견 건설업체 임원인 김 씨는 택지지구에 집중 투자하는 전략으로 10여년 만에 20억 원 가까운 돈을 벌었다.

초기 자금이 부족했던 김 씨는 수도권의 택지지구 가운데 미분양된 아파트만을 찾아다녔다. 미분양 아파트를 매입할 경우 계약금조로 500만~1,000만 원만 있으면 충분했다. 동과 호수, 층 등을 마음대로 선택할 수 있는 것도 미분양 아파트만의 장점이었다. 김 씨는 미분양 아파트를 중도에 사고 팔아 많은 차익을 남길 수 있었다.

김 씨는 택지지구야말로 개발 단계마다 아파트 값 상승 호재를 갖고 있다고 믿고 있다. 아파트 분양 후 주상복합과 같은 랜드마크(이정표)가 될 만한 상품이 고가에 분양되면서 아파트 값이 한 차례 뛴다. 이후 전철이나 첨단 공장 이전과 같은 호재가 발생할 때 다시 가격이 상승한다. 입주 직후엔 잔금 부담 압력으로 일시 쏟아진 매물과 전세물량 때문에 단기적으로 가격 하향 압력이 발생하지만, 1년 정도만 지나면 곧바로 가격이 회복되는 게 택지지구의 특성이다.

택지지구 내에선 무조건 시범 단지 아파트를 노려야 한다. 시범 단지는 택지지구 안에서 노른자위 땅에 위치하는 경우가 대부분이다. 시범 단지 분양이 성공해야 다른 블럭의 아파트 분양도 순조롭기 때문이다.

시범 단지는 또 시기적으로 가장 먼저 분양되기에, 분양가가 가장 낮을 수밖에 없다. 시간이 지날수록 원자재값 상승 등의 이유로 분양가가 올라가기 때문에, 가장 먼저 공급되는 시범 단지 아파트 값이 가장 저렴한 것이다.

시범 단지의 경우, 내부 마감재도 택지지구 안에서 가장 뛰어난 것으로 평가받는다. 시범 단지는 대개 동시 분양 형태로 나오는데, 분양에 참여하는 건설업체들이 마감재 품질 경쟁을 벌이기 때문이다. 경쟁이 벌어질수록 소비자들은 행복하다.

투자가 아니라도 좋다. 싼 전셋집을 구할 때도 택지지구만한 곳이 없다. 택지지구에선 보통 시범 단지를 시작으로 입주물량이 한꺼번에 쏟아진다. 그렇기 때문에 잔금 부담을 우려한 주택 소유자들이 일시에 전세 물건 또는 매물을 쏟아내기 마련이다. 전셋값이 곤두박질칠 수밖에 없는 구조다. 입주 초기엔 보통 기반 시설이 제대로 마련되지 않아 전셋값이 특히 싸다.

일례로 지난 2004년 10월 입주가 시작된 서울 마포구 상암 택지개발지구의 월드컵아파트 33평형은 전셋값이 입주 초기 9,000만 원까지 떨어졌다. 이 아파트의 전셋값은 3~4개월 후 1억 8,000만 원으로 급등했다. 입주 초기에 전세 계약을 맺은 세입자들은 몇 개월 늦게 전셋집을 구한 사람들보다 9,000만 원이나 싸게 계약할 수 있었다.

수도권 택지개발지구에서 새로 입주하는 아파트의 전셋값의 하한선은 대략 3,000만 원 수준인 것으로 파악된다. 아무리 작은 평형이라도

제1기 수도권 신도시 비교

	분당	일산	평촌	산본	중동
면적(평)	595만 평	476만 평	154만 평	128만 평	165만 평
수용 인구	39만 3,200명	27만 6,000명	16만 8,200명	17만 명	17만 명
세대 수	9만 7,580가구	6만 9,000가구	4만 2,000가구	4만 2,500가구	4만 2,500가구
개발 목표	강남 대체 자족 도시	문화 예술 전원 도시 남북 교류 협력 전진 기지	안양시 신주거지	군포시 신주거지 전원 도시	부천시 신주거지 서울~인천 연계 도시
사업 기간	1989.8 ~ 1996.12	1990.3 ~ 1995.12	1989.8 ~ 1995.12	1989 ~ 1994.7	1990.11 ~ 1996.1
사업 시행자	한국토지공사	한국토지공사	한국토지공사	대한주택공사	대한주택공사 부천시 한국토지공사
도로	19.7%	21%	12.7%	15.2%	25.9%
녹지율	19.4%	23.6%	12.7%	15.5%	10.7%
용적률	184%	169%	204%	205%	225%
상업 용지	49만 6,000평 (8.4%)	37만 3,000평 (7.9%)	7만 5,000평 (4.9%)	5만 4,000평 (4.3%)	17만 2,000평 (10.5%)

이 가격 밑으로는 좀체로 떨어지지 않는다. 하지만 30평형대 아파트의 전셋값도 종종 최하 3,000만 원까지 떨어지기도 한다. 분양가가 1억 원을 훌쩍 넘기는 아파트들도 마찬가지다. 남양주 평내 지구 30평형대 아파트의 입주 초기 전셋값이 그랬고, 파주 금촌 지구의 같은 평형대 전셋값도 이같이 낮게 형성됐다.

하지만 전셋값이 반등하는 것은 순식간이다. 입소문이 나면 급전셋 물건이 곧바로 소진돼 버린다. 단기 공급 과잉에 따른 일시적인 현상임을 스스로 증명해 보이는 것이다.

따라서 세입자 입장에선 입주가 한꺼번에 몰린 택지지구 아파트를 발 빠르게 돌아다니면, 아주 좋은 조건에 전셋집을 구할 수 있다. 다만 급전세 물건이나 급매물들은 하루이틀 사이에 사라지기 때문에 기민해야 한다.

역으로 택지지구 내 아파트 소유자 입장에선 주변 전셋값이 최저 3,000만 원까지 떨어질 경우 급한 마음에 무조건 세입자부터 들일 필요는 없다. 대출 이자를 다소 부담하더라도 잔금 납입을 몇 개월 유예하면서 전셋값이 오를 때까지 기다리는 것도 한 방법이다. 입주 물량의 홍수가 지나면(입주 직후부터 1~3개월) 가격은 곧 정상으로 회복되기 마련이다. 시간이 오래 걸리지도 않는다.

1층도 전략만 잘 짜면 대박난다

1층 아파트도 '전략 짜기' 나름이다. 이 씨의 경우처럼 인테리어 업자에게 임대를 놓아 임대료도 얻고 투자 가치를 높일 수도 있겠지만, 요즘 분양되는 새 아파트의 1층엔 뭔가 특별한 '+α'가 있다.

유명 부동산 컨설턴트인 이문숙 LMS컨설팅 사장에게는 그만의 독특한 1층 공략법이 있다. 대부분의 사람들이 1층을 기피 대상으로 생각하지만, 그녀에겐 '대박상품' 이다.

이 씨는 주로 역세권의 미분양 아파트를 투자의 타깃으로 삼는다. 아무리 역세권 대단지 아파트라도 저층의 경우 상당 기간 미분양으로 남는 경우가 많기 때문에 매물을 구하는 것은 어렵지 않다. 지난 2004년 수십 대 1의 청약 경쟁률을 보였던 서울 송파구 잠실주공 재건축도 저층의 경우 수 개월 간 미분양 상태로 남아 있었으니 말이다.

이 씨는 강남·북 가릴 것 없이 역세권에다 브랜드가 우수하고 전세 수요가 활발한 새 아파트 단지를 우선 적극 공략한다. 물론 1층 미분양 물량만 찾는다. 1층은 로열층에 비해 가격이 최고 20% 안팎 싸다. 특히 계약서를 쓸 때 추가로 가격 후려치기도 가능하다.

이 씨는 입주 때가 다가오면 자신의 1층 아파트를 임차할 인테리어 업자를 찾는다. 인테리어 업자들은 내부를 리모델링한 다음 수 개월간 '보여 주는 집(샘플하우스)'으로 활용한다. 보여 주는 집은 대개 1층에 위치하기 때문에 임대 업자를 금방 찾을 수 있으며 짭짤한 임대료도 챙길 수 있다. 임대 기간이 다 끝나면 내부 인테리어를 시중의 절반 이하 가격에 매입한다. 이 씨 입장에선 수천만 원에 달하는 인테리어 설치 가격을 시중의 반값에 살 수 있고, 인테리어 업자들도 한 번 사용한 인테리어를 다시 수거하느니 싸게라도 넘기는 게 낫다고 판단하기 때문에 보통 계약이 쉽게 이뤄지는 편이다.

다음은 파는 순서이다. 이 1층 아파트를 인근 부동산 중개업소에 매물로 내놓는다. 대기 매수자(특히 실수요자)들은 1층이지만 수천만 원짜리의 훌륭한 인테리어에 반해, 쉽게 계약을 체결하는 편이라고 이 씨는 설명했다. 가격도 인테리어가 평범한 일반 1층 아파트보다 훨씬 높다. 이런 방식으로 1억 8,000만 원에 매입한 서울 마포구의 1층 아파트 분양권을 1년도 안 돼 3억 원에 되판 경우도 있다.

1층을 기피하는 이유는 다양하다. 우선 도난에 대한 우려가 크다. 1~2층의 경우 창문을 뚫고 집안으로 침입하기 쉽다. 시끄럽다는 이유도 있다. 집밖 소음이 그대로 전해진다. 창문을 열어 놓을 경우 외부에 개인 프라이버시가 그대로 노출될 때도 있다.

하지만 1층 아파트도 '전략 짜기' 나름이다. 이 씨의 경우처럼 인테리어 업자에게 임대를 놓아 임대료도 얻고 투자 가치를 높일 수도 있겠지만, 요즘 분양되는 새 아파트의 1층엔 뭔가 특별한 '+α'가 있다.

상당수 주택업체들이 1층에 전용 정원을 따로 조성하고 있다. 물론 1층의 분양률을 높이기 위한 고육지책이다. 그러면서 별도 출입문을 만들어 준다. 공용 출입문이 아닌 전용 출입문을 통해 진·출입이 가능하기 때문에 아파트이지만 단독주택과 같은 분위기를 연출할 수 있다.

1층 정원이나 별도 출입문이 없다면 로열층에 비해 가격이라도 싸게 보통이다. 분양가가 낮은 데다 중도금 무이자 융자 등 별도 금융 혜택을 주는 사례도 많다. 이 씨처럼 1층을 공략할 만한 비법을 갖고 있다면, 싼값에 괜찮은 아파트를 마련할 수 있는 셈이다.

1~2층 저층이라 하더라도 단지 전체의 투자 가치가 높아지면 덩달아 프리미엄이 높아지는 법이다.

부동산 투자자인 한효조 씨(49·서울 강남구)는 지난 2001년 용인 죽전 지구에서 동시 분양이 시작됐을 때 상당수 아파트의 저층이 미분양됐다는 사실을 알고 과감하게 10여 채를 매입했다. 아파트 수가 많았지만, 당시 저층부의 경우 계약금만 있으면 됐기 때문에 큰돈이 들지 않았다.

죽전 지구 아파트값이 얼마 후 급등하기 시작하자 저층 아파트에도 프리미엄이 붙기 시작했다. 물론 로열층보다는 못했지만 저층이라도 수천만 원씩 웃돈이 붙었고, 분양받은 지 2년 만에 모든 아파트를 처분해 큰돈을 모을 수 있었다.

사실 일반인들이 저층을 공략한다는 것은 일견 무모해 보인다. 기왕이면 비싸더라도 로열층을 노리는 게 투자의 정석이다. 그래야 손해를 보더라도 최소화할 수 있다. 저층부는 웃돈도 적게 붙을 뿐더러 매매도 잘 되지 않기 때문에 시장 침체기에 특히 고전할 수 있다는 점을 염두에 둘 필요가 있다.

따라서 투자 목적으로 저층부를 공략할 때는 무엇보다 대세 상승에 대한 확신을 갖고 있어야 한다. 또 층은 낮더라도 역세권 대단지, 괜찮은 브랜드, 학교 병원 등 교육·편의시설 등의 조건을 갖췄는지 꼭 확인할 일이다.

Key Point

환기·난방으로 새집증후군 70% 감소

새 집 입주를 앞두고 5일 가량 보일러를 켜 내부 온도를 덥히고 환기를 시키면 아토피성 피부염과 두통을 일으키는 새집증후군의 피해를 크게 줄일 수 있다.

대한주택공사가 최근 1년간 전국 15개 단지의 새 아파트 54가구를 대상으로 '베이크아웃(Bake-Out)' 실험을 해본 결과 포름알데히드와 6종의 휘발성 유기화합물 등 새집증후군 유발 물질의 농도가 35~71%까지 감소했고, 모든 조사 항목에서 환경부 기준 이하 수준으로 떨어졌다. 베이크아웃이란 실내 온도를 높여 벽지 등에 스며 있는 오염 물질을 활성화한 뒤 환기를 통해 배출하는 기법이다.

베이크아웃은 입주 15~30일 전 5일 동안 실시하는 것이 효과적이며, 첫 날엔 23~25℃, 이후엔 28~30℃를 유지하고 환기를 충분히 시키는 게 좋다. 입주를 앞둔 아파트뿐만 아니라 이미 입주한 가구도 난방과 환기를 반복하는 방식으로 베이크아웃을 실시하면 새집증후군을 해결할 수 있다.

부자들 알고 보면 금융 박사

부동산 투자자들은 금융을 거시적인 관점에서 바라볼 필요가 있다. 금리가 향후 상승세를 탈 것으로 보인다면, 대출을 무리하게 늘려선 안 된다. 반면 장기간 저금리가 유지될 것으로 판단되면, 다소 대출 부담을 느끼더라도 부동산 매입을 서두를 필요가 있다.

부동산 투자자들은 금융을 소홀히 여기기 쉽다.
금융을 다소 어렵게 느끼거나 은행에서 알아서 해 주려니 하는 막연한 생각으로 접근하는 사람들이 많다. 하지만 부동산과 금융은 따로 떼려야 뗄 수 없는 관계다. 부동산을 매입하는 열 명 중 아홉 명은 은행 대출을 이용하고 있기 때문이다. 목돈이 필요한 부동산 투자에서 '남의 돈'을 최대한 활용할 줄 안다면 절반은 성공한 셈이다.

부동산업계에 금융전문가가 의외로 많은 것은 바로 이런 이유 때문이다. 다섯 개의 큰 프로젝트를 연이어 성공시켜 시행업계의 강자로 떠오른 정문일 비잔티움 사장(50)은 서울은행 출신이다. 서울은행 종합기획부에서 신규 점포 발굴 업무에 종사하다 외환 위기 이후 퇴직한 후, 부동산으로 새 인생을 시작했다. 그는 5개 개발 프로젝트에서 모두

100% 분양 실적을 거두며 4,500억 원의 매출을 올리고, 개인적으로도 500억 원이 넘는 돈을 벌어들였다.

박상언 유엔알컨설팅 사장 역시 옛 한일은행이 첫 직장이었다. 은행원 생활을 접고 내집마련정보사에서 재테크팀장을 맡은 후 유엔알컨설팅으로 독립, 각종 강연과 기고로 유명 인사가 됐다. 그는 부동산과 궁합이 가장 잘 맞는 게 바로 금융이라고 주장한다.

고급 아파트 브랜드인 '동일하이빌'을 만든 고재일 동일토건 회장은 공인회계사 출신이다. 수십 년간 공인회계사로 종사했던 경험을 살려 '재무'가 탄탄한 회사를 만들었다. 재무적 지식에 대한 확신이 없었다면 연이은 대형 아파트 건설 프로젝트에 덤벼들긴 힘들었을 것이란 게 고 회장의 설명이다.

부동산업계에서 가장 유명한 컨설턴트 중 한 명인 고준석 씨는 현직 신한은행 직원이다. 부유층 고객들을 대상으로 자산 관리 서비스를 제공하는 프라이빗뱅킹(PB) 센터에서 부동산재테크팀장을 맡고 있다.

부동산 투자를 시작할 때 금융을 제대로 알면 우선 이자 비용을 크게 줄일 수 있다. 월급쟁이로서 아파트 재테크 10년 만에 20억 원 가까운 큰돈을 모은 우림건설 김종욱 상무의 얘기를 들어 보자.

"제가 부동산 투자를 시작하면서 가장 염두에 뒀던 게 바로 금융 조건이었습니다. 처음 19평짜리 임대아파트에서부터 신혼 생활을 시작했기 때문에 초기 자본금이 거의 없었거든요. 그래서 수도권의 비교적 값싼 아파트를 골라 일단 계약금(분양가의 5~20%)만 걸고, 나머지 중도금은 모두 대출로 해결했습니다.

특히 아파트 단지를 선택할 때도 중도금 전액 무이자, 중도금 50% 무이자, 50% 이자후불제, 전액 이자후불제 등의 순으로 우선순위를 뒀습니다. 대출금 상환 부담이 크면 불안감 때문에 자칫 중간에 저가에 팔아치워야 할 경우가 생길 수 있기 때문입니다. 만약 아파트가 꼭 마음에 드는데 금융 조건이 좋지 않으면, 반드시 여러 은행을 직접 방문해 금리 조건, 근저당권 설정비 부담 여부 등을 꼼꼼히 따졌습니다. 자기 자본이 별로 없는 상태에서 재테크에 성공하기 위해선 무엇보다 금융에 밝아야 합니다."

앞서 예로 들었던 일산에 거주하는 고길동 씨가 비교적 짧은 기간에 20억 원이란 돈을 모을 수 있었던 배경에도 그의 금융 지식이 한몫을 했다. 그는 은행원이기 때문에, 은행 업무를 하면서 접하게 된 금융 지식이 부자로 가는 길을 터 준 셈이다.

부동산 투자자들은 금융을 거시적인 관점에서 바라볼 필요가 있다. 금리가 향후 상승세를 탈 것으로 보인다면, 대출을 무리하게 늘려선 안 된다. 반면 장기간 저금리가 유지될 것으로 판단되면, 다소 대출 부담을 느끼더라도 부동산 매입을 서두를 필요가 있다. 저금리 기조가 장기간 계속되면 부동산으로 자금 유입이 가속화될 가능성이 높아서다.

또 금리 상승기엔 고정금리부 대출을 적극 활용할 만하다. 고정금리부 대출로는 국민주택기금에서 지원되는 근로자서민 주택구입자금대출의 이자가 가장 낮은 편이다. 반드시 고정금리부라고 말할 수는 없지만 1년에 한 번 정도 바뀌는 정책성 금리인데다, 서민층 지원을 위해 시중보다 항상 낮은 금리가 유지된다.

모기지론도 괜찮은 상품이다. 특히 15년 이상 장기로 대출 받으면 매년 이자 납입분에 대해 소득공제 혜택까지 받을 수 있다. 이 경우 대출 금리가 1%포인트 안팎 추가로 인하되는 효과를 볼 수 있다.

반대로 금리가 하락세를 보일 때는 당연히 변동금리부 대출을 받는 게 좋다. 시중 은행에서 취급하는 일반 대출 상품은 대개 양도성예금증서(CD)에 연동하는 변동금리부 대출 상품이다. 금리가 상승하더라도 그 속도가 상당히 느리다면 역시 변동금리부 대출이 낫다. 통상 변동금리부 대출 상품의 이자율이 고정금리부 대출 상품보다 더 낮게 적용되는 탓이다.

시중 은행의 대출 상품을 이용할 때는 따져 봐야 할 게 한두 가지가 아니다. 대출 기간에 따른 금리 수준을 먼저 비교해 봐야겠지만, 근저당권 설정비를 은행이 부담하는지, 고객이 부담하는지도 확인해야 한다. 이자율이 낮은 대신 설정비를 고객에 떠넘기는 은행도 적지 않아서다.

중도상환 수수료 수준도 꼭 체크해야 할 항목이다. 중간에 적금 등 목돈이 생기면 대출을 우선 상환하는 게 재테크 측면에서 유리한데, 일반적으로 대출을 중도상환할 경우 수수료를 물어야 한다. 경우에 따라 금리가 다소 높더라도 중도상환 수수료가 발생하지 않는 상품이 자신에게 유리할 수도 있다.

Key Point

상속받은 주택 양도세는

주택을 상속 또는 증여받아 갑자기 1가구(세대) 2주택자가 됐을 경우 양도소득세는 어떻게 부과될까? 8·31 부동산 대책 발표 후 2007년부터 2주택자에 대한 양도세가 50%로 중과되면서 상속 주택에 대한 관심이 높아졌다. 서울 등 대도시에 거주하는 사람이 부모 등으로부터 갑자기 시골집을 상속받게 되는 경우가 허다하기 때문이다.

결론적으로 1주택자가 상속으로 2주택자가 됐을 경우, 상속받은 주택을 매도할 때는 가액 및 보유 기간에 관계없이 양도소득세를 내야 한다. 양도세는 개인이 일정한 자산을 양도함으로써 발생하는 소득(매매 차익)에 대해 부과하는 세금이다.

하지만 기존 보유 주택이 1가구 1주택 비과세 요건을 갖추고 있을 경우 기존 주택을 매각하고 상속 주택을 보유할 때는 양도세가 비과세된다. 즉 상속 주택을 우선 매각하면 언제라도 2주택자로 간주해 양도세를 부과하지만, 기존 보유 주택을 매각할 경우 비과세되는 것이다.

기존 주택이 1가구 1주택 비과세 조건을 갖추기 위해서는 서울, 과천, 5대 신도시(분당·일산·평촌·산본·중동) 소재 주택일 경우 3년 이상 보유하고 2년 이상 거주해야 하며, 기타 지역 주택의 경우 거주 기간에 관계없이 3년 이상 보유하면 된다.

하지만 비과세 요건을 갖춘 1가구 1주택자라도 실제 양도가액이 6억 원을 초과하는 고가 주택일 경우 6억 원을 초과하는 부분에 상당하는 양도차익은 양도소득세가 과세된다. 굳이 상속 주택과 기존 주택 중 하나를 매각해 자금을 마련하고 싶다면 기존 보유주택을 먼저 파는 게 비과세 혜택을 받을 수 있는 길이다. 이후 상속 주택을 매각하면 1주택에 해당되기 때문에 일정 비과세 요건만 맞출 경우 또다시 양도세 비과세 혜택을 받을 수 있다.

종합부동산세 부과 기준 금액도 6억 원 이상이기 때문에 기존 주택과 상속 주택을 합해 6억 원이 안 될 경우 2채 모두 계속 보유해도 재산세(종부세)를 더 내는 것은 아니다.

현금이 아닌 경제 교육이 부자 만든다

서 씨가 '독특한' 재테크로 성공할 수 있었던 것은 어찌 보면 부모님 덕분이다. 다시 말해 부모님의 '경제 교육'이 큰 영향을 미쳤다. 그의 가족은 그가 부동산 개발로 성공할 수 있도록 적극적인 후원자 역할을 했다.

서울 강남구 압구정동에 거주하는 서민주 씨(40)는 독신이다. 그녀는 '준재벌' 수준의 유복한 집안에서 태어나 어릴 때부터 어려움을 모르고 자랐다. 남들 못지않게 외국 생활도 충분히 경험했다.

어울릴 것 같지 않지만, 서 씨는 부동산업계의 흐름을 누구보다 꿰뚫고 있는 어엿한 부동산 전문가다. 평소에도 고급주택을 짓고 분양하는 일을 하고 있다. 하지만 활발하지는 않다.

서 씨는 경제학을 대학 전공으로 선택해서 일찌감치 '재테크'에 관심을 갖게 됐다. 처음 시도한 재테크 수단은 주식이었지만, 여러 번 쓴맛을 본 뒤엔 주식을 아예 쳐다보지도 않고 있다. 부동산으로 눈을 돌린 후에야 '바로 이거다'란 생각이 들었다. 지금까지 10년 이상 부동산을 관리해 왔지만, 부동산만큼 정직한 상품이 없다는 믿음도 생겼다. '뿌린 대로 거둔다'는 격언이 꼭 들어맞는 재테크 상품이란 설명을 덧붙였다.

서 씨가 처음 주식을 접하게 된 시기는 대학 2학년 때였다. 부모님으로부터 모 은행주 2,000주 가량을 증여받았다. 주식에 눈을 뜨게 하려는 부모님의 배려였다. 경제학 전공자이던 서 씨는 이후 시세 확인을 위해 증권사에 자주 전화하는 버릇도 생겼다. 수 차례 팔까 말까 망설이다 결국 3년 만에 증여 당시 시세의 30% 수준으로 전량 털어버렸다. 첫 번째 투자에선 커다란 실패를 맛본 셈이다.

이후에도 서 씨와 주식은 궁합이 잘 맞지 않았다. 대학 졸업 후 벤처 기업을 차린 친구로부터 생일 선물로 벤처 주식 100주를 선물받았다. 재무 구조가 탄탄한 것으로 알려져 있었고 대기업의 자본 투자까지 받은 회사였다. 내친 김에 추가로 수천 주를 매입했다. 서 씨가 외국에 수년간 '외유' 하고 돌아온 사이 주가는 '휴지 조각' 이 돼 있었다.

서 씨는 이런 식으로 지금까지 수 차례 주식을 사고 팔았지만, 승률은 아주 낮은 편이다. 열 번 가운데 일곱 번 손해를 봤다는 게 서 씨의 얘기다.

하지만 서 씨의 친구 S는 달랐다. S는 5개 우량 종목을 선정, 아침에 남편이 출근하자마자 하루 종일 그 종목 추이만을 관망한다고 했다. 그러다보니 해당 종목이 어느 시점에 올라가고 내려가는지 수 개월 만에 어느 정도 '감' 을 잡았다는 것이다. S는 이런 식으로 일부 종목의 변동성만을 이용해 지금도 매달 20% 안팎의 수익률을 올리고 있다고 했다.

따라서 서 씨는 두 가지 믿음을 갖게 됐다. 첫째, 주식 투자를 하려면 바쁘지 않아야 한다는 것(예를 들면 주부이거나 공무원이면 좋다). 둘째, 시간이 여유롭지 않을 경우, 차라리 간접 상품에 장기 투자해야 한다는 것이다. 서 씨가 거의 유일하게 주식 재테크로 성공한 게 간접 상품을 통해서였기 때문이다. 이러 저러한 이유로 서 씨의 주요 재테크 수단은 부동산이 됐다.

서 씨가 처음 부동산을 접한 것도 대학 때였다. 당시 은행에 다니던 선배를 통해 서울 강북에 있는 모 여대 앞의 단층짜리 건물이 경매로 나왔다는 사실을 알게 됐다. 상당수 친구들이 소개팅이나 미팅을 하기에 바빴지만, 서 씨는 공부 겸 해서 이 물건에 투자하기로 마음먹었다. 부모님의 조언이 든든한 후원이 됐다. 돈이 부족했기 때문에 당시 재테크에 관심을 보이던 친구들과 공동으로 나서기로 했다. 우선 비슷한 물건의 경매 낙찰가율을 분석해 적정 입찰 가격을 산정했고 결국 비교적 싼 값에 매입할 수 있었다.

막상 대학 앞의 노후 건물을 사들이긴 했지만, 어떻게 활용하느냐가 성패를 좌우할 것이라고 판단했다. 물론 그냥 장기 보유해도 일정 투자 수익을 거둘 가능성이 있었지만, 투자 가치 극대화를 위해 리모델링을 하면 좋겠다고 생각했다.

우중충했던 노후 빌딩을 카페 용도로 산뜻하게 바꾼 다음 임차인을 찾았다. 유동 인구가 비교적 많은 곳이었기 때문에 세입자를 찾는 것은 어렵지 않았다. 매입 비용에다 리모델링 비용까지 이중으로 소요된 셈이었지만, 1~2년 만에 100% 이상 투자 수익을 거둘 수 있었다. 주식과 달리 부동산 첫 투자에선 대 성공을 거뒀다.

서 씨는 대학 졸업 후 아파트를 두 차례 분양받았다. 부동산에 대한 관심이 상당히 높아진 후였다. 두 번 모두 실거주가 아닌 단순 투자 목적이었다.

한 곳은 은평구 증산동의 연립주택을 재건축한 소규모 단지였는데, 44평짜리 중대형 평형을 매입했다. 당시 동시 분양 미달 단지였기 때문에 청약통장이 필요 없었고, 가격도 주변보다 많이 저렴하다고 판단했다. 하지만 서 씨의 예상은 빗나갔다. 이 아파트는 2년 후 입주 당시 가격이 더욱 급락, 결국 분양가의 10% 정도를 손해보고 되팔 수밖에 없었다. 이때 아파트는 분양가(가격)보다 입지가 더 중요하다는 것과 아파트값이 분양가 이하로 떨어지지 않는다는 믿음은 잘못됐다는 사실을 깨달았다.

증산동 아파트의 입주권을 소유하고 있으면서 강남구 청담동의 27평짜리 아파트를 매입했다. 이 아파트 역시 미분양 상태였다. 중소형 평형인데다 주변 시세보다 싸지 않았지만, 주변 사람들이 미분양 아파트를 하나 둘 사서 모으는 모습이 심상치 않게 보였다. 당시 분양가는 2억 500만 원이었다. 서 씨는 결단을 내렸고, 이 아파트는 입주 직후 4억 1,000만 원까지 뛰었다.

부동산에 '투신' 하기로 결심한 서 씨는 우선 가족이 갖고 있던 경기 용인시의 땅을 처리하라는 중책을 맡았다. 서 씨가 고심 끝에 내린 결론은 이곳에 최고의 전원주택을 지어야 한다는 것이었다. 용인에 서서히 전원주택 바람이 불기 시작할 때였다. 아파트에 식상해 하던 강남권 고급 수요가 인근 전원주택으로 이동할 것이란 예감이 들었고, 이 수요를

잡기 위해선 최고급으로 주택을 지어야 승산이 있다는 판단이 섰다.

당시 일반적인 건축비가 평당 250만 원 이하였지만, 서 씨는 이 전원주택의 건축비로 평당 300만~350만 원을 책정했다. 벽지나 욕조 타일 등도 전부 수입산만 사용했다. 전원주택 완공 후 매수자를 찾는 것은 그다지 어려운 문제가 아니었다. 분양가를 다소 높게 책정했지만, 알음알음 찾아온 매수 희망자들은 전원주택을 직접 보고 나면 먼저 계약하자고 나설 정도였다.

단순히 아파트를 사고 파는 게 아닌 좀 더 색다른 재테크에 눈을 뜬 서 씨는 이후 한남동의 고급주택 골목 인근에 있는 노후 빌라를 경매로 매입했다. '고급 수요'를 유발하는 데 자신이 생긴 뒤였다.

이 빌라의 이웃집 3곳을 찾아 고급주택을 같이 짓자고 제안했다. 투자비는 각자 4분의 1씩 부담하는 조건이었다. 설득하는 데 시간이 걸렸지만 결국 투자 수익이 높을 것이라는 데 모두 동의했다. 4세대의 노후 빌라가 허물어지고 20가구 규모의 4층짜리 고급주택이 새로 들어섰다.

주택 크기는 47평형과 60평형의 두 가지 타입으로만 했다. 대형에다 고급 인테리어를 적용해야 잘 팔릴 것이란 서 씨의 예상은 맞아떨어졌다. 착공과 동시에 분양을 시작했는데, 광고할 필요도 없이 현지 주민들만으로 수요는 충분했다. 하지만 모두 파는 대신, 8세대를 남겨 외국 대사관이나 기업의 고위 임직원들을 대상으로 임대업을 하기로 했다. 그게 훨씬 높은 수익을 낼 것이란 판단에서였다. 외국인 임대 계약은 통상 2년 기준으로 선불금을 받는 형태인데, 요즘도 한 채당 한 달 1,000만 원 꼴로 임대료를 받고 있다.

서 씨는 요즘 '새롭고 독특한 형태의 주거 시설'에 큰 관심을 갖고 있다. 우리나라의 주택보급률이 이미 상당한 수준까지 올라와 있는 데다 분양 시장도 좋지 않기 때문이다. '톡톡 튀는 아이디어 상품'으로 승부해 보고 싶다는 소망이다.

그 중의 하나가 '독립된 공동주택'이다. 예를 들어 할아버지 세대, 아버지 세대, 자녀 세대 등 3세대가 공동으로 거주할 수 있는 주택을 만들겠다는 포부다. 핵가족화의 진행으로 독립적인 세대 구성이 일반화돼 있지만, 가족끼리 같은 '건물' 안에 거주하고 싶다는 욕구는 꾸준하다는 게 서 씨의 설명이다.

서 씨는 "여러 세대가 공동으로 거주하면서 밥도 같이 먹고 휴식 시간도 같이 보내지만, 진·출입문이 별도로 돼 있어 독립적인 생활이 거의 완벽하게 보장되는 주거 시설에 대한 수요가 분명 많아질 것"이라고 자신한다. 이런 수요 역시 고급 수요일 수밖에 없다.

서 씨는 이 밖에 장기 해외 거주자를 위한 콘도텔이나 독신자를 위한 공간 등 '특별한 수요층'이 있는 주거 시설을 짓는 방안도 고민하고 있다. 어차피 서 씨와 같은 개인(개인사업자)이 대형 아파트나 오피스텔을 짓기에는 한계가 있으니, 독특한 형태를 선보여야 소비자의 눈길을 잡아끌 수 있을 것이란 판단을 하고 있다.

재테크에 관한 한, 서 씨의 설명은 간단명료하다. 바로 "남들이 가장 선호하는 상품"을 선택하라는 지극히 평범한 원리를 제시한다. 예를 들어 부동산이라면, 일반인들이 선호하는 상품이 투자 가치가 가장 높다는 식이다. 역으로 말하자면, 싼 게 비지떡이란 얘기이기도 하다.

서 씨가 '독특한' 재테크로 성공할 수 있었던 것은 어찌 보면 부모님 덕분이다. 다시 말해 부모님의 '경제 교육'이 큰 영향을 미쳤다. 그의 부모가 대학 때 주식을 선물하지 않았다면, 주식(경제)에 대한 이해가 훨씬 늦어졌을 게다. 부동산도 마찬가지다. 서 씨의 가족은 그가 부동산 개발로 성공할 수 있도록 적극적인 후원자 역할을 했다.

하지만 부모님 등 가족의 후원이 재테크 성공을 위한 단 한 개의 열쇠일 수는 없다. 오히려 많은 경우 득(得)보다 실(失)이 된다. 강원도 평창에 내려갔다 들었던 한 젊은 농사꾼의 롤러코스터 같은 인생역정이 바로 그런 경우다.

항상 부지런하던 이 청년은 토지 보상으로 하루아침에 20억 원대의 '돈방석'에 앉게 됐다. 그러자 그의 생활 태도가 180도 달라졌다. 돈을 흥청망청 쓰기 시작했다. '돈 쓰는 법'을 제대로 배운 적이 한 번도 없었던 탓이다. 설상가상 돈을 보고 꼬인 사람들에게 재산이 한 푼 두 푼 흘러나갔다. 불과 수 년 만에 그의 수중에 남은 것은 빚밖에 없었고 그는 폐인이 됐다.

한 부동산컨설팅 사장은 이와 반대되는 상담 사례를 들려줬다. 호스피스(임종 간호사) 일을 하는 주부가 재테크 상담을 요청했다. 10억 원대의 자산을 어떻게 운용해야 할지 여쭤보는 상담이었다. 하지만 이 주부의 인생이 그리 순탄한 것만은 아니었다. 아버지가 돌아가실 때 전 재산을 사회에 환원했기 때문에, 하루아침에 빈털털이가 됐다고 했다. 사장은 주부가 아버지를 한마디도 원망하지 않고 오히려 "아버지 덕분에 일어섰다"고 말하는 대목에서 코끝이 찡했다고 했다. 주부는 아버지가 돌아가신 후 '정신이 바짝 들었고' 지금은 부자가 돼 남을 돕고 있다.

어떤 재테크 책에서 본 얘기다. 부자와 가난뱅이의 돈을 몰수한 다음 같은 액수의 돈을 나눠 준다. 10년 후 그들의 모습은 어떻게 변했을까. 그 책에선 부자는 여전히 부자가 됐을 것이고, 가난뱅이는 여전히 가난뱅이가 돼 있을 것이라고 확신한다. 결국 문제는 '방법' 이다.

자녀에게 재산 증여를 고려하고 있는가. '물고기' 를 잡아서 안겨 주는 것보다 '그물로 낚는 법' 을 알려주는 게 백 배 낫다는 것을 여러 사례들이 증명해 준다.

토지 개발 계획은 돈 다발

투자 목적으로 땅을 고를 땐 가장 먼저 정부나 지방자치단체의 개발 계획을 꼼꼼하게 뜯어봐야 한다는 게 토지 전문가들의 한결 같은 지적이다. 개발 계획 자체가 돈 다발이 되는 경우도 다반사다.

경기도 화성에서 농사를 짓고 있는 정상만 씨 (57)의 얘기다. 정 씨는 10여 년 전 농지를 추가 매입하기로 결정했다. 농사를 짓는 것보다 투자 가치가 높은 땅을 고를 요량이었다. 이때 고려했던 곳은 인근 태안읍 반정리와 병점역 주변이었다. 가격은 두 곳 모두 평당 20만 원 안팎으로 비슷했다. 가격이 엇비슷했기 때문에 집에서 가까웠던 반정리를 택했다.

이때의 선택은 불과 수 년 후부터 후회로 바뀌기 시작했다. 병점역에 수도권 전철이 들어서고 인근 동탄 신도시가 개발되면서 병점 주변의 농지 가격이 급등하기 시작했기 때문이다. 이 일대의 땅값은 현재 평당 2,000만 원을 훌쩍 넘어서고 있다. 동탄 신도시 확대 개발 호재로 가격이 계속 상승 중이다.

하지만 반정리 땅값은 현재 평당 100만 원 안팎이다. 반정리 땅값은 10여 년간 5배 오른 반면, 병점역 땅값은 같은 기간 100배 뛰었다. 물론 반정리에 대한 투자가 실패한 것은 아니지만, 정 씨는 상대적인 박탈감에 시달리고 있다.

10여 년 전 비슷했던 두 지역의 땅값 차이가 이처럼 극명하게 벌어진 것은 '개발 호재' 여부 때문이다. 개발 호재도 호재 나름인데, 병점역의 경우 땅값 상승의 가장 큰 재료인 교통과 도시 개발이란 두 가지 호재가 겹쳤기 때문에 특히 많이 올랐다.

투자 목적으로 땅을 고를 땐 가장 먼저 정부나 지방자치단체의 개발 계획을 꼼꼼하게 뜯어봐야 한다는 게 토지 전문가들의 한결 같은 지적이다. 개발 계획 자체가 돈 다발이 되는 경우도 다반사다. 실제로 재테크 고수들은 개발 계획 재료에 가장 민감하게 반응하고 있다.

땅 투자로 수백억 원의 자산을 모은 정광영 한국부동산경제연구소장은 도시 개발 계획을 꼼꼼하게 살피는 게 평소 습관이다. 재테크의 첫 출발이 바로 이런 작업이라고 굳게 믿고 있다.

정 소장이 이런 습관을 들인 것은 지난 1989년의 아쉬운 경험 때문이다. 당시 부동산 중개업소를 운영하면서 전국의 땅을 보러 다녔던 정 씨에게 한 고객이 자신의 상속 부동산을 팔아 달라고 의뢰해 왔다.

그 고객의 땅 매매를 알선해 주자, 수수료 대신 수원 인근의 임야 약 3,000평을 들고 왔다. 땅이라면 자신이 있었던 정 소장은 주변 시세를 조사해 본 뒤 별로 가치가 없는 땅이라고 판단하고 현금 수수료를 고집했다. 워낙 싼 땅인데다 다른 사람에게 팔아 현금화하기도 어려워 보였던 탓이다. 그 고객은 현금으로 수수료를 전액 지불했다.

하지만 아뿔싸! 정 소장은 불과 수 개월 만에 고객이 수수료로 대신 지급하겠다던 그 임야가 아파트 부지로 사용될 예정이란 사실을 알게 됐다. 서울의 대형 건설업체가 대단지 아파트를 지을 예정이며, 평당 50만 원 정도에 흥정하고 있다는 얘기도 들렸다. 그 임야는 개발이 가능한 땅이었고 실제 용도 변경이 추진되고 있었던 것이다. 그때까지 이 땅을 소유하고 있던 정 소장의 고객은 결국 평당 120만 원에 이 땅을 넘겨 큰돈을 벌게 됐다.

이 교훈으로 정 소장은 어떤 땅이든 시·군·구청의 개발 도면을 꼭 들여다보는 습관이 생겼다.

그러던 지난 2002년 수도권의 개발 계획을 살피던 중 정 소장에게도 기회가 왔다. 미개발 지역에 철도 역사가 들어선다는 정보를 알게 된 것이다. 개발 계획이 다 나와 있는 것이었지만, 아직 일반에 자세히 알려지지 않은 상태였다.

주변 조사에 착수해 보니 이 일대의 땅을 갖고 있던 원(原) 주인은 땅을 무척 팔고 싶어 하는 모습이었다. 당장 은행 대출금 등을 합해 평당 100만 원을 주고 약 5,000평을 매입했다. 호재가 점차 가시화하면서 땅값이 오르기 시작했다. 주변 시세도 평당 400만 원을 넘어섰다. 정 소장은 이 땅을 팔지 않고 아직도 계속 보유하고 있다. 본격적인 개발이 시작되면 평당 2,000만 원을 넘는 것은 시간 문제라고 보고 있다.

현재 가시화되고 있는 국토 개발 계획이 행정 중심 복합 도시, 기업 도시, 혁신 도시 등을 중심으로 홍수를 이루고 있다. 뿐만 아니라 각종 고속화도로, 지방도로, 철도 등 전국의 길이 뚫리고 있다. 좀 더 세부적으로 들어가면 한도 끝도 없다. 특히 도시와 도시 사이, 도로와 도로 사이 등 개발 압력이 높은 곳을 잘 눈여겨보면 재테크 기회가 무궁무진하다. 개발 계획은 실로 돈다발이란 게 많은 토지 전문가들의 공통적인 조언이다.

Key Point

허가 구역 내 '공증' 피하라

인기 지역 토지를 사고 팔 때 '공증' 을 통한 불법 거래가 활개를 치고 있다. 토지 거래 허가 구역이 대폭 확대되면서부터다. 공증을 통한 토지 거래는 불법인데다 이중계약의 위험도 있는 만큼 공증의 유혹에 빠졌다간 큰코다치기 십상이다.

공증을 통한 토지 거래가 늘고 있는 이유는 정부가 개발 청사진을 잇따라 발표하면서 허가 구역으로 묶인 인기 지역 땅값이 더 많이 뛸 것이란 계산 때문이다. 공증 거래란 통상 3~5년 단위로 지정되는 허가 구역 기한이 만료되면 일정 가격에 되팔 것을 조건으로 선거래하는 방식이다.

허가 구역 내에서 합법적으로 농지·임야를 매입하기 위해선 전 세대원이 현지로 주소지를 옮긴 후 1년이 지나야 가능하지만, 많은 사람들이 불법 공증을 통해 토지 취득을 시도하고 있다. 이는 국토계획법 제 141조을 위반하는 것이기 때문에 적발될 경우 2년 이하의 징역이나 토지 가격의 30% 이내를 벌금으로 내야 한다.

토지 원 주인이 이중계약을 맺을 가능성도 배제할 수 없다. 원래 주인이 공증 방식으로 똑같은 땅을 여러 명에게 팔아도 알아내기가 쉽지 않은 탓이다. 허가 구역 내 토지를 꼭 사야 한다면, 합법적으로 거래하거나 차라리 근저당권을 설정해 놓는 방법을 쓰는 게 낫다.

토지 거래 허가 구역 기한이 일단 만료되더라도 연장되는 경우 또한 적지 않다. 최장 5년까지 허가 구역을 지정하고 있지만, 요즘엔 땅값 급등 우려가 높아 더 연장하는 경우가 많다.

 ## 토지 보상지 주변은 항상 오른다

택지 개발 또는 대규모 프로젝트가 예정됐다는 발표가 나오면 '아차' 하면서 '이미 늦었다'고 생각할 수 있겠지만, 기회는 여전히 남아 있다. 막상 보상이 풀리면 주변 지역 땅값은 한 차례 더 뛰는 게 보통이기 때문이다.

정부 또는 지방자치단체가 일정 면적의 땅을 택지개발 예정지구로 묶어 수용하기 시작한 후 보상받은 사람들의 움직임을 분석하는 것은 항상 흥미롭다. 막대한 자금이 한꺼번에 풀리면서 돈이 활발하게 움직이기 때문이다. 기회는 이런 곳에서 나오기 마련이다.

우리나라 사람들은 보상받은 돈으로 어떻게 할까. 많은 사람들이 수억~수십억 원의 목돈을 손에 쥐더라도 이 돈을 저축하거나 여유 자금으로 쓰면서 여생을 보내려고 하지 않는다. 보상비의 대부분을 다른 땅을 사는 데 쓰고 있다.

이는 택지지구로 수용하는 토지의 상당 부분이 농지(전·답)이기 때문이다. 정부나 지자체가 택지지구로 개발하려는 땅은 대개 사람이 거주하기 좋은 평지인 경우가 많다. 개발이 안 된 평지라면 농지밖에 없다.

평생 농사를 짓던 사람들이 땅을 수용당하고 나면 생업이 사라진다. 목돈을 손에 쥐게 되더라도 은행 이자만 바라보고 살 수는 없는 일이다. 따라서 주변 농지를 또다시 매입해 농사를 계속 지으려고 하는 것이다. 바로 대토(垈土) 수요다. 정부에서도 농민이 대토를 할 경우 3년 이상 자경 농지에 한해 취득·등록세 등을 전액 면제해 주고 있다.

토지를 수용당한 농민들이 대토를 고려할 때 보통 수용 토지의 주변 지역을 먼저 살펴본다. 그 지역에서 대대로 살아온 사람들이 대부분이기 때문에 친인척과의 거리나 지역 정서 등을 감안해 멀리 이사 가는 것을 싫어하는 탓이다.

막상 보상금이 풀리기 시작하면 주변 지역 땅값이 가장 먼저 오르는 것은 바로 이런 연유에서다. 따라서 개발 정보를 미리 알고 있다면 큰 투자 수익을 거둘 수 있는 것은 당연하다. 지난 2005년 말 성남 대장동 일대의 고급주택단지 개발 정보를 미리 빼낸 공무원들이 대거 투기에 나섰다 줄줄이 입건되기도 했다.

개발 정보를 미리 알고 있을 때 대박이 가능한 이유는 수용 토지와 가장 근접한 거리의 개발 가능한 땅을 살 수 있기 때문이다. 정확한 정보가 없다면 개발 압력이 높은 곳이더라도 어느 곳이 수용될지 제대로 파악하는 게 쉽지 않다. 자칫 수용될 토지를 샀다가 시세보다 낮은 감정가로 보상을 받으면 오히려 손해를 볼 수도 있다.

하지만 정보에 늦었다고, 혹은 그만한 정보를 가질 수 없다고 자책할 필요는 없다. 한 지역이 택지개발지구로 수용될 예정이라고 신문에 공개되더라도 보상이 시작되기 전까지 얼마든지 기회가 있기 때문이다.

택지 개발 또는 대규모 프로젝트가 예정됐다는 발표가 나오면 '아차' 하면서 '이미 늦었다'고 생각할 수 있겠지만, 기회는 여전히 남아 있다. 막상 보상이 풀리면 주변 지역 땅값은 한 차례 더 뛰는 게 보통이기 때문이다. 다만 택지개발지구로 지정되면 그 주변까지 일정 기간 거래에 제한을 가하기 때문에 장기 투자 자세로 접근해야 한다.

서울 대치동에서 작은 학원을 운영하며 수학을 가르치던 임달호 씨(44)의 경우에도 토지 보상으로 재미를 보았다. 사업 실패로 빚이 만만치 않게 불어났던 임 씨는 재건축 아파트 투자로 짭짤한 재미를 본 뒤 땅 투자에 본격 뛰어들었다. 처음 손을 댄 곳은 김포시 외곽 지역의 농지였다.

운 좋게도 주변 지역이 김포 '신도시 예정 지구'로 지정되고 나자 지정 직전에 평당 35만 원 하던 땅값이 순식간에 평당 80만 원으로 뛰었다. 신도시 지정 후 적지 않은 평가 차익을 올린 셈이었지만, 막상 토지 보상이 풀리자 땅값이 평당 100만 원을 훌쩍 넘어 더 뛰기 시작했다. 신도시로 편입돼 보상금을 챙긴 지역 주민(지주)들이 주변으로 대토에 나섰던 것이다. 땅값이 단기간 급등했기 때문에 일부 사람들은 차익을 남기고 더러 떠나기도 했지만 임 씨는 이 땅을 아직도 팔 생각이 없다. 아파트 입주 시점에 맞춰 교통 환경이 대폭 개선되면 또다시 오를 것으로 보고 있어서다.

2006년 초에는 행정 중심 복합 도시(2,212만 평)가 들어설 예정인 충남 연기·공주 지역에서 토지 보상금이 대거 풀렸다. 1차 보상액 규모만 자그마치 약 3조 4,100억 원이었다. 수도권 노른자위인 판교 신도시 보상 총액보다도 많은 사상 최대 규모다. 보상 대상자들은 총 1만 50명으로 대부분 지역에서 농사를 짓는 사람들이었다.

이들은 주변 지역으로 일제히 대토에 나설 수밖에 없다. 주변 지역 땅값이 또다시 들썩일 수밖에 없는 구조인 셈이다.

이 밖에 파주 운정 신도시(1조 3,000억 원 / 1,200명)를 비롯, 남양주 별내 지구(1조 원 / 1,600명) 등 2006년 한 해 토지 보상 규모가 10조 원에 달해 주변 지역 땅값을 크게 올려 놓았다.

요즘처럼 토지 시장이 장기 침체에 빠져 있을 때는 이같이 보상이 예정돼 있는 주변 지역 토지를 안전한 재테크 투자처로 삼을 만하다. 다만 토지 매입과 보유에 따른 세금 부담이 적지 않기 때문에 땅값 상승폭이 세금보다 훨씬 높을 만큼 호재가 있는 지역인지 먼저 따져볼 필요가 있다. 또 각종 시장 규제로 땅을 한 번 매입하면 되팔기 어려워진 만큼 여유 자금으로 투자한다는 마음가짐을 가져야 한다. 이제 땅투자의 기본은 장기 투자를 하겠다는 생각이다.

Key Point

토지 보상 어떻게 이뤄지나

토지 보상액을 통보받은 대상자들은 일반적으로 4개월 이내 한국토지공사 등 사업 시행자와 보상 계약을 맺게 된다. 보상금은 현지인의 경우 전액 현금으로 받을 수 있으며 본인이 희망할 경우 채권 보상도 가능하다. 부재 지주는 3,000만 원 초과액에 대해 3년 만기 용지 보상용 채권으로 받게 된다. 보상금은 소유권 이전등기 후 일주일 정도 지나면 받을 수 있다.

보상 가격에 불만이 있어 계약 체결을 원하지 않을 경우 중앙토지수용위원회에 수용 재결을 신청, 재결 결과에 따라 보상금을 받을 수 있다. 수용 재결 결과에 대해서도 불만이 있으면 이의 신청을 할 수 있고, 재결서를 받은 날로부터 30일 안에 행정 소송을 제기해도 된다. 일반적으로 수용 재결을 신청하면 보상금이 어느 정도 높아지는 것으로 알려져 있다. 다만 보상에 성실하게 응하는 주민들은 협의 양도인 택지를 우선 분양받을 수 있는 자격이 주어지기도 한다.

수용 재결 요구하는 민원 급증

중앙토지수용위원회에 보상액을 다시 책정해 달라는 민원 건수가 해마다 크게 늘고 있다.

중토위에 따르면 토지보상금에 대한 수용 재결 의뢰 건수는 지난 2001년 892건, 2002년 915건, 2003년 919건 등으로 매년 비슷했지만, 2004년 990건으로 상승한 데 이어 2005년엔 1,100건에 육박했다. 수용 재결이란 보상금에 불만이 있는 보상 대상자가 한국토지공사 등 사업 시행자와 매매계약을 맺지 않고 중토위에 재감정을 의뢰하는 절차를 말한다. 사업 시행자는 재결 결과에 따라 보상금을 지급하거나 법원에 공탁을 맡기게 된다.

수용 재결 결과에 대해서도 불복, 중토위에 또다시 이의 신청하는 민원 건수도 덩달아 늘고 있다. 전국 각지에서 개발에 따른 토지 수용이 늘고 있어 수용 재결 등의 민원이 많아지기 때문이란 게 중토위 측 설명이다.

땅도 화장하면 예뻐진다

맹지를 사서 진입 도로를 내는 것은 땅의 가치를 높이는 가장 기본적인 작업이다. 땅값은 진입 도로가 있는지, 진입 도로는 포장된 상태인지, 또 도로폭이 얼마인지 등에 따라 큰 차이가 난다.

강원도 정선의 한적한 전원주택에 사는 조용석 씨(44)는 땅을 직접 개발해 짭짤한 차익을 챙긴 이후 주변 사람들로부터 유명세를 치르고 있다.

지난 2002년까지 서울에서 대기업에 다니던 조 씨는 도시 생활을 접고 전원으로 내려오기 위해 주말마다 강원도와 충청도 일대를 샅샅이 답사했다. 강원도와 충청도를 찾아다닌 이유는 평생 살아온 서울에서 멀지 않은 데다 가격도 수도권에 비해 많이 싸기 때문이다. 특히 수도권의 경우 웬만한 전원주택용 부지가 평당 30만~40만 원을 호가하기 일쑤여서 아예 엄두가 나지 않았다.

강원도 정선의 산골짜기를 돌아다니다 마침 평당 5,000원짜리 저가 매물을 발견했다. 조 씨는 이 땅을 발견한 후 횡재했다고 생각했다. 땅의 규모도 5,000평 정도로 텃밭까지 가꾸기에 적당했다. 원 주인을 찾아 2,500만 원을 주고 당장 매입했다.

하지만 막상 이 땅을 사고 보니 애로점이 한두 가지가 아니었다. 일단 수도와 전기가 들어오지 않았다. 진입 도로도 마땅하지 않았다. 비포장 도로를 1km 가량 달려야 도착할 수 있는 오지에 위치하고 있었다. '싼 게 비지떡'인 셈이었다.

도시 생활을 하루빨리 정리하고 싶었던 조 씨는 무작정 낙향하기로 결심했다. 이 땅에 근사한 목조 주택을 지은 후 온 가족이 함께 내려왔다. 조 씨는 허허벌판을 갈아 곡식을 심고 과일나무를 가꿨다. 넉넉하지는 않았지만 주변 환경을 바꿔나가는 데 쉴 틈이 없었다.

주변에 전원주택을 짓겠다는 사람들이 하나 둘씩 늘어나기 시작했다. 조 씨는 정선군청에 본격적인 민원을 넣기 시작했다. 최소한의 편의 시설을 제공해 달라는 요구였다.

수 개월 후 정선군청에서 조 씨가 살고 있는 곳에 전기를 넣어 주고 도로를 포장해 주겠다는 연락이 왔다. 전원주택 개발 바람이 일면서 황무지 같은 벽촌에 인구 유입이 된 점을 정선군청이 높이 산 것이다. 포장도로가 생기고 전기 등 편의 시설이 갖춰지면서 땅값이 급등한 것은 물론이다. 조 씨는 실수요 목적이기 때문에 땅값 상승에 대해 큰 의미를 두고 있지 않지만, 평당 5,000원이던 땅값이 6~7배 올랐다는 얘기를 들으면 기분이 나쁘지 않다.

서울에서 상호저축은행 지점장 등을 거친 금융 전문가 이문수 씨(38) 역시 땅을 개발해 가치를 높이는 일에 주력하고 있다.

이 씨가 직접 개발하고 있는 땅은 강원도 횡성의 펜션용 부지이다. 1만 5,000평에 달하는 꽤 넓은 땅이다. 계곡을 끼고 있고 송이도 많이 나는 곳이다. 이 씨는 수 년 전 감정가 1억 6,000만 원이었던 이 땅을 최종 8,000만 원에 경매로 낙찰 받았다. 땅 가치에 비해 낙찰가가 낮았던 이유는 당시 경쟁자가 거의 없었기 때문이다.

이 땅에는 등기상 도로가 없었다. 서류상으로는 맹지였던 셈이다. 하지만 현장에 직접 나가 보니 달랐다. 이미 길(관습상 도로)이 나 있었고 땅을 팔고 싶지 않았던 전(前) 주인이 길 없는 땅이라고 주장하고 있었다. 전 주인의 말대로 경매 서류상 맹지로 적혀 있었던 것이다.

이 씨는 땅을 저가에 낙찰 받은 후 가치를 높이기 위해 즉시 개발에 착수했다. 하지만 개발 과정에서 주민들이 먼지나 소음 등 민원을 제기할 소지가 다분했다. 민원이 제기되면 모든 공사가 중단될 수도 있었다. 일단 펜션 터만 다져 놓고 인근 동네를 찾아다녔다. 마을 행사가 있을 때마다 직접 술을 사 들고 참석했다.

1년 후엔 동네 주민들이 펜션을 언제 완공하느냐고 먼저 물어 볼 정도로 친해졌다. 1억 2,000만 원을 들여 토목 공사를 개시했다. 통나무로 된 펜션 1채를 짓는 데 또다시 2억 8,000만 원이 들었다. 이 씨는 이곳을 약용식물원을 갖춘 펜션 단지로 만들고 있다. 최근 이 부지 전체를 20억 원에 사겠다는 사람도 나타났다. 하지만 이 씨는 투자 가치를 극대화할 때까지 팔지 않을 작정이다.

이런 사례들은 땅의 가치를 높이기 위해 개발이 얼마나 중요한지 증명해 주고 있다. 맹지를 사서 진입 도로를 내는 것은 땅의 가치를 높이는 가장 기본적인 작업이다. 땅값은 진입 도로가 있는지, 진입 도로는 포장된 상태인지, 또 도로폭이 얼마인지 등에 따라 큰 차이가 난다.

덩어리 땅을 매입한 후 전원주택이나 주말 농장으로 사용할 수 있도록 작게 쪼개도 땅값엔 상승호재다. 큰 땅보다 작은 땅이 쉽게 팔리는 탓이다. 200~500평 정도로 나누는 게 보통이다. 하지만 기획부동산들의 이른바 '칼질(투기 목적으로 땅을 쪼개는 일)'을 막기 위해 필지 분할 자체가 개발 행위 허가 대상에 포함됐다는 사실을 명심할 필요가 있다. 필지 분할이 전보다 쉽지 않아졌다는 뜻이다. 다만 개인이 재산권 행사 차원에서 땅을 쪼개는 것을 지자체가 막는 것은 현실적으로 어려운 일이다.

마지막으로 지자체 허가를 받아 땅을 개발하거나 필지 분할한 후 비싼 값에 되팔았다면 세금을 제대로 내는 게 좋다. 단기간 개발을 통해 시세 차익을 얻을 경우 국세청의 집중 조사를 받을 가능성이 높아지기 때문이다.

Key Point

토지 투자 7계명

1. 투기 아닌 투자를 생각하라
- 무리한 투자는 금물이다. 분수에 맞는 투자가 정석이다. 덩치가 큰 땅을 찾기보다 자신의 자금 동원 능력을 감안해 투자하는 자세가 필요하다.

2. 개발 예정지 인근 지역을 찾아라
- 대규모 개발이 예정된 주변의 땅 구입은 성공 투자를 보장한다. 일단 개발 예정 지구로 지정되면 개발 시기의 차이는 있어도 모두 예정대로 개발된다. 대규모 인구가 유입되면 주변 땅 가치가 그만큼 올라간다. 분당이나 일산 신도시 주변 땅값 상승률이 이를 반증한다.

3. 뜬소문을 믿지 말라
- 정확한 정보를 바탕으로 한 정석 투자만이 성공할 수 있다. 부정확한 소문만 믿고 달려들다 실패하기 십상이다.

4. 땅값은 철도 등 신설 개통 도로를 따라 움직인다
- 도로 개통은 주민의 생활 반경을 확대한다. 도심 접근성이 좋아져 유동 인구가 많아지면서 투자가 활성화되기 마련이다.

5. 도시 계획을 눈여겨봐라
- 도시 계획은 해당 도시의 개발 방향을 알 수 있는 척도다. 입안 단계부터 최종 결정 때까지 놓치지 말고 추적하면 땅값 상승 지역을 예측할 수 있다.

6. 권리 관계 잘 따져라
- 토지는 아파트와 달리 권리 관계가 복잡하다. 공부상(등기부 등본) 권리 관계만 믿어서는 안 된다. 실제 이용 상황이 달라 제한을 받는 경우도 허다하다.

7. 타이밍도 중요하다
- 대규모 개발 예정 지역 등 땅값이 급등하는 곳은 정부가 나서 토지 거래 허가 구역으로 지정한다. 일찍 투자한 사람들은 이익을 남기고 빠져 나온다. 그러나 막차를 탄 사람은 거래 제한 등으로 어려움을 겪게 된다.

(자료 : JMK플래닝)

 ## '들쥐 재테크'는 망하는 지름길

김 씨는 주식 투자에 일가견을 갖고 있다. 그의 추종 세력도 적지 않다. 김 씨의 투자 원칙은 '초기 투자·장기 투자'다. 가치주를 초기에 발굴해 장기간 넣어둔다는 게 그의 전략이다.

지방 은행에 다니던 김상수 씨(49·서울흑석동), 평범하게 직장생활을 하던 김 씨가 재테크에 관심을 갖게 된 것은 은행 임원을 바라볼 나이가 되면서부터였다. 임원 승진을 못할 바에야 은퇴 후 돈이라도 있어야 한다고 생각했다. 그동안 은행 업무를 보면서 쌓아 놓은 인맥과 경험을 재테크에 활용할 수도 있을 것 같았다.

그는 이후 상가와 토지·주식 등에 집중적으로 투자해 50억 원 가량의 차익을 봤다. 그동안 단 한 번도 아파트엔 투자하지 않았다. 아파트는 '주거 공간'이지 투자 대상이 아니란 신념을 잃지 않았다. 또 다른 사람들이 많이 투자하는 방향으로 부화뇌동하기 싫었다.

김 씨는 부자와의 점심을 즐긴 학구파다. 전경련, 상공회의소 등 각 기관이 주최하는 조찬 모임에 빠짐없이 참석했다. 이런 곳에는 '부자'

들이 모이기 때문에 그들의 생각을 알기에 최적의 장소라고 판단했다. 부자들과 식사 약속을 잡았고 이들이 어디에 관심을 갖고 있는지를 연구했다. 이후 '부(富)를 만드는 사람은 남다른 생각을 갖고 있다' 는 사실을 깨달았다.

부자들을 시기하고 욕했던 과거의 자신을 통렬하게 반성했다. 그리고 부자들의 뒤에 '줄을 서고' 그들을 분석하기 위해 노력했다. 부자들의 생각을 읽으면 빚을 내더라도 반드시 성공한다는 확신을 갖게 됐다. 김 씨는 "부자들을 분석하고 그들의 행동을 따라하다 보니 나도 어느새 부자가 돼 있었다"고 회고했다.

김 씨는 주식 투자에 일가견을 갖고 있다. 그의 추종 세력도 적지 않다. 김 씨의 투자 원칙은 '초기 투자·장기 투자' 다. 가치주를 초기에 발굴해 장기간 넣어둔다는 게 그의 전략이다.

가치주를 고를 땐 기업의 '원천 가치' 에 주목했다. 김 씨는 기업이 잘 되려면 구성원의 능력, CEO의 능력·자세, 미래 비전 등의 순으로 중요하다고 판단했다. 특히 현재의 우량주보다 '우량주가 될 가능성이 높은 종목' 을 발굴하는 데 주력했다.

기업 재무 구조의 경우 영업 이익을 가장 중시했다. 장사해서 많이 남을수록 가치가 높은 기업이란 믿음을 갖고 있기 때문이다. 특히 영업 이익이 일시적인 현상은 아닌지, 영업 이익이 많다면 그 원인은 무엇인지 분석했다. 당기순이익을 볼 땐 항상 특별 요인에 의한 순익 발생이 없는지 살폈다.

이런 관점으로 개별 종목을 발굴하면 반드시 장기 투자 원칙을 지켰다. 성장 가능성이 높은 우량 종목에 장기 투자하면 우선 매일 주식시세판을 들여다보지 않아도 되니 좋고, 장기적인 수익률이 대체로 높게 나오는 데다 배당까지 받을 수 있어 일석삼조란 게 김 씨의 설명이다.

하지만 김 씨는 아직까지 전셋집에 살고 있다. 아파트를 살 이유가 없다는 게 김 씨의 얘기다. 대신 수십억 원에 달하는 목돈을 상가빌딩, 토지, 주식 등에 분산 투자해 놓고 있다. 특히 부동산에 대해선 종목을 가리지 않고 해박한 지식을 자랑한다. 김 씨는 지금까지 7~8개 대학원 등에서 부동산 관련 수업을 받았다.

하지만 부동산 전문가인 김 씨도 항상 투자에 성공했던 것은 아니다. 지난 1990년대 초 상가에 목돈을 넣었다 투자금을 떼이는 쓰라린 실패를 경험했다. 당시 '강남에 30평형대 아파트를 한 채 살 만한 돈'을 떼였다는 게 김 씨의 설명이다. 실패 원인을 "분양받아 편하게 살자"는 마음가짐 때문이었던 것으로 분석하고 있다. 이후 요행을 바라거나 남의 투자 행태에 편승하는 방법을 쓰지 않고 있다.

김 씨는 대신 개발을 통해 가치를 높이는 부동산 투자 방법을 선호하고 있다. 1990년대 중반 학원이 밀집한 지역의 건물을 사들여 고시원으로 리모델링했다. 20~30개의 고시원이 연중 풀가동되면서 매년 안정적인 임대 수익을 내 주고 있다.

2000년 초에는 강남 역세권 인근에 상가 빌딩(지상 6층 건물)을 한 채 지었다. 지하철역과 붙어 있어 사무실이나 술집, 음식점 등으로 사용할 수 있도록 했다. 특히 지상 6층 건물이어서 엘리베이터를 설치해야 했지만, 5~6층을 복층으로 튼 후 이 공간을 주거 시설로 사용할 수 있도록 했다. 상가 주택인 셈이다. 엘리베이터를 넣는 대신 공간의 효율성을 높였다는 게 김 씨 설명이다. 건물 관리인과 경비에겐 남들보다 높은 월급을 주고, 매달 이발비까지 챙겨 줬다. 건물이 더욱 깨끗하게 관리된 것은 물론이다.

김 씨는 이 상가 주택을 3년 만에 처분해서 '상당한' 차익을 올렸다. 특히 매각할 때 '내부 공간을 이런 식으로 활용하라'라는 구체적인 지침을 매수 희망자에게 제시해 두 시간 만에 계약서에 도장을 찍을 수 있었다. 예를 들어 1층 A점포에는 패스트푸드점을 입점시키고, 여의치 않으면 주변 사무직원들을 위한 복집, 이것마저 여의치 않으면 사무용품 전문점을 추천한다는 식이다.

최근엔 수도권 일대의 토지(임야)에 목돈을 넣었다. 땅 덩어리가 크다 보니 주위 지인들과 공동 투자 형태로 매입했다. 이 땅 역시 단순히 주변 개발에 따른 시세 차익만을 노린 게 아니었다. '적극적으로' 개발에 나섰다. 김 씨는 이 땅을 전원주택지로 개발하기 위해 도로를 내고 터를 닦았다. 물론 개발 비용이 적지 않게 들었지만, 이 같은 단순 작업만으로 이 땅의 가치가 세 배 이상 뛰었다는 게 주변 중개업소의 전언이다. 김 씨는 현재의 토지 시장 분위기를 감안해 더 오를 때까지 장기 투자할 생각이다.

얼마 전엔 후배가 마포의 상가를 한 곳 계약했다며 김 씨를 찾았다. 후배는 삼겹살집을 운영할 계획이었다. 권리금만 2억 원 이상 붙어 있는 상황이었다. 김 씨는 입지 가격 등을 살펴본 뒤 후배를 크게 꾸짖었다. "손쉽게 남의 고생에 편승하려 한다"는 게 김 씨의 질타였다. 스스로 가치를 높일 생각은 안 하고 남이 열심히 일해서 권리금을 높여 놓은 곳을 고르는 후배가 못마땅했다. "거기 가면 망한다"면서 후배 계약을 취소시켜 버렸다.

이후 후배와 함께 서울의 다른 곳을 물색했다. 마침 여의도에서 빈 상가가 한 곳 눈에 띄었다. 복집을 운영하다 장사가 안 되어 망한 곳이었다. 한 번 망했던 곳이어서 그런지 수 개월째 매수자와 세입자를 찾지 못해 텅 비어 있었다. 김 씨는 입지는 나쁘지 않은데 장사가 안 되어 망한 곳이니만큼, 후배가 열심히 개척하면 큰 이익을 볼 수 있을 것이라며 계약을 종용했다. 후배는 이 상가를 계약한 후 음식점을 차려 '죽기 살기로' 일하고 있다고 한다. 장사가 잘 돼 짭짤한 이익을 내고 있다. 주변 중개업소에선 이 상가에 1억 원 이상 권리금까지 붙어 있는 것으로 평가하고 있다.

김 씨는 정부 규제 강화로 불로소득을 올리기가 쉽지 않다고 강조했다. 상당한 자기 노력을 들이지 않으면 돈 벌기 어렵다는 진단이다. 이런 점에서 '정부와의 동업자 시대'는 지나갔다고 했다. 즉 이전에 투자 수익이 발생할 경우 정부가 30% 안팎의 세금을 걷어갔다면, 지금은 최고 60~70% 가져가기 때문에 이미 정부 주도 시장으로 바뀌었다고 판단했다.

이런 상황에서 '구름처럼 몰려다니는' 재테크를 해선 안 된다고 김 씨는 강조했다. 배추 가격이 높다고 너도나도 배추를 심으면 결국 배추 가격이 폭락하는 것과 같은 이치다. 또 오피스텔 시장이 유망하다고 우루루 오피스텔로 몰려가면 결국 정부 규제를 자초하고 만다. '들쥐 재테크'를 경계하라는 말이다. 남이 생각하지 않는 '틈새'를 발굴해야 한다는 것이다. 특히 소비자가 이용할 수밖에 없는 부동산 상품을 찾아 개발하면 큰 이익을 얻을 수 있다고 김 씨는 귀띔했다. 돈을 쉽게 벌려고 해선 안 되고 끊임없이 연구하되, 한 번 투자하면 최소 2~3년간 중장기로 봐야 한다는 게 김 씨의 지론이다.

김 씨는 재테크 얘기를 하면서 여러 번 '근원'을 강조했다. 주식이든 부동산이든 '근원'이 중요하다는 소리다. 즉 가치 있는 종목을 초기에 발굴해 장기로 넣어둔다는 일관된 원칙을 갖고 있었다. 주식에 투자할 땐 가격이 이미 많이 오른 우량주는 쳐다보지도 않았다. 투자 가치가 적다는 판단 때문이다. 대신 재무 구조가 탄탄한 종목에 초기 투자했다. 부동산도 마찬가지이다. 역세권의 빈 땅을 매입해 상가를 지어 되팔거나, 학원 밀집 지역의 일반 상가 빌딩을 고시원으로 리모델링해 짭짤한 임대 수익을 올리는 방식을 동원했다.

임야를 매입해도 그냥 놔두는 법이 없었다. 도로를 내고 터를 닦아 가치를 높였다. 투자 후엔 항상 '일정한 노력'을 기울인 셈이다. 이렇게 하면 재테크에서 '막차'를 탈 일은 없다고 김 씨는 설명했다.

김 씨가 이 같은 재테크 요령을 '터득'하게 된 것은 전적으로 '부자들의 말에 귀를 기울였기 때문'이다. 부자들을 관찰하고 그들의 재테크를 따라하다 보니 자연스럽게 이런 요령을 알게 됐다는 것이다.

김 씨가 기대하는 투자수익률은 50%다. 보통 한 번 투자하면 2~3년씩 묻어 두니 연 수익률이 15~20% 가량 되는 셈이다. 낮은 수익률은 아니다. 항상 '개발'을 염두에 두고 있기 때문에 이 정도의 수익 창출이 가능하다는 게 김 씨 얘기다.

땅, 장기로 묻어 놓고 기다린다

땅에 장기로 돈을 묻어둘 땐 가격이 저렴한 곳, 장기적으로 개발 가능성이 있는 곳, 큰 도로가 가깝거나 교통망 확충 가능성 있는 곳 등을 위주로 매입을 고려해야 한다.

풍수지리 신봉자인 정광영 씨(50)는 지금까지 60여 곳의 땅을 거래한 경험을 갖고 있는 땅 고수다. 한때 소유한 강원도 땅만 300만 평에 달하기도 했다. 웬만한 신도시보다 큰 규모다. 자신이 소유하고 있는 땅의 위치도 일일이 기억하기 힘들 정도다. 지금까지 토지 취득에 따른 취·등록세만 10억 원 가까이 냈다.

정 씨는 수많은 땅을 거래했지만, 판 기억보다는 산 기억이 압도적으로 많다. 주로 '묻어 둔다'는 투자 원칙 때문이다. 정 씨는 부동산 재테크 강연료 등 가외 수입이 들어오면 이를 모았다가 땅을 매입하거나 대출 이자를 갚는 데 사용했다. 꼭 사고 싶은 매물이 나오면 가격이 급등했던 곳 위주로 땅을 조금씩 팔아 충당했고, 더 싼 땅을 찾아 돈을 묻어두곤 했다.

지난 1990년대 초, 정 씨는 강원도 영월의 임야를 평당 5,000원에 매입했다. 배산임수형 입지를 갖춘 산이었고 총 2만 평 정도 크기였다. 당시 돈으로 1억 원이 들었다. 정 씨는 이때 서울 능곡 일대의 토지를 살까 잠시 고민에 빠지기도 했지만 영월 땅이 '너무 마음에 들어' 즉석에서 계약했다. 당시 능곡 땅의 경우 860평이 총 6,800만 원이었다.

정 씨가 최근 확인해 본 결과 능곡 땅은 평당 2,000만 원을 훌쩍 넘어서 있었다. 만약 능곡 땅을 샀다면 170여억 원에 달하는 큰돈을 벌 뻔했다. 영월 땅은 현재 평당 20만 원을 호가하고 있다.

하지만 정 씨는 당시 자신의 판단이 잘못됐다고 생각하지 않고 있다. 만약 영월 대신 능곡 땅을 샀다면 2~3배의 차익을 남긴 뒤 곧바로 처분했을 것이라는 게 그의 판단이다. 결국 장기로 투자한 영월 땅의 수익률이 오히려 더 높은 셈이라는 것이다. 정 씨는 자의든 타의든 장기로 묻어 두게 됐고, 결국 많은 이익을 봤다고 믿고 있다.

경기 성남시 판교 신도시 개발 예정지에서 17대째 살았던 토박이 농부(85)가 약 200억 원의 토지 보상금으로 돈벼락을 맞았다는 얘기도 장기 투자의 중요성을 일깨우는 사례로 꼽을 만하다.

판교 인근에 살던 이 농부는 토지 6,680평과 창고·축사 등 지장물에 대한 보상으로 195억 원을 받았다. 1960년대 초 평당 300원씩 주고 대지와 임야 1만 3,000여 평을 샀던 이 농부는 그동안 땅을 목장으로 활용해 왔다. 농부는 40년 만에 5,000배가 넘는 대박을 터뜨린 셈이다.

이 농부는 장기 투자 하나로 이처럼 큰돈을 만질 수 있었다. 스스로 원했든 원치 않았든 말이다. 만약 중간에 땅을 사고 팔기를 반복했다면 이 같은 수익률이 가능했을까.

하지만 장기 투자엔 전제 조건이 몇 가지 붙는다. 우선 자기 자본 투자 원칙을 철저하게 지켜야 한다. 자칫 대출을 끌어다 땅에 투자했다간 금리가 갑자기 상승하거나 급전이 필요할 때 땅을 싼값에 팔아치워야 할 수도 있다. 특히 주택처럼 매수자가 항상 대기하고 있는 게 아니기에 급할 땐 급매물로 처분할 수밖에 없다.

또 자신이 살고 있는 지역과 너무 멀어선 곤란하다. 가끔 찾아가서 여러 변화 사항을 파악할 수 있는 거리여야 관리하기 쉽다. 일반적으로 주거 지역에서 가까운 땅이어야 개발 가능성이 높아지는 법이다.

땅에 장기로 돈을 묻어둘 땐 가격이 저렴한 곳, 장기적으로 개발 가능성이 있는 곳, 큰 도로가 가깝거나 교통망 확충 가능성 있는 곳 등을 위주로 매입을 고려해야 한다.

항상 장기 투자를 주장해 온 투자자 김성길 씨(54)는 새 정부 들어 남북 화해가 급진전될 것으로 예측했다. 그가 찾아다닌 곳은 파주와 문산, 포천 등지의 휴전선 접경 지역이었다. 이런 곳의 싼 땅을 찾아 여윳돈을 묻어 뒀다. 이런 곳엔 평당 2,000~3,000원짜리 임야도 부지기수였다. 그는 남북 접경지의 경우 정치적 상황과 밀접하게 관계를 맺고 있는 만큼 단기 차익보다 대를 물려준다는 생각으로 접근하고 있다. 길게는 20년 앞을 내다보고 투자하고 있다고 설명한다. 특히 파주 외곽지역 땅의 경우 그동안 평가 차익이 적지 않았지만 그는 앞으로도 계속 기다릴 생각이다.

김 씨가 주로 투자하고 있는 민통선 내부 지역(일반인 출입 제한 지역)의 경우 소유권 위조에 따른 이중매매 사고가 간혹 발생하기 때문에 토지 거래 자체에 대한 세밀한 조사가 필요하다. 또 이런 곳은 군사 시설 보호 구역로 묶여 있기 때문에 이런 규제가 언제 풀릴지 알 수 없다. 군사 시설 보호 구역에서 풀리더라도 수도권정비법이나 개발 제한 구역 등 다양한 규제가 있다는 점도 유의해야 한다.

종중이 보유한 땅의 경우 특정인 이름으로 명의 신탁된 사례가 많기 때문에 소유권을 이전받는 데 절차가 까다롭고 시간이 많이 걸린다는 점을 알아둘 필요가 있다.

가격이 떨어질 때까지 끈기를 갖고 지켜보다가 기회가 포착되면 재빨리 투자에 나서는 방법도 있다. 성남 분당에 사는 공인회계사 안태근 씨(45)는 주로 신도시 내 단독주택 용지를 공략해 10여 년 만에 7~8억 원의 투자 수익을 거뒀다. 안 씨가 단독주택지를 투자 대상으로 삼는 것은 땅값 할인이 가능하기 때문이다. 한국토지공사는 신도시 내 택지 매각이 잘 이뤄지지 않으면 분양가를 파격적으로 낮추거나 다양한 할부 조건을 제시한다. 최고 30% 이상 깎아주기도 한다.

안 씨는 신도시 내 단독주택지 가운데 50~60평형대의 일반 주거지를 평당 100만~200만 원의 저가에 매입, 4~5년 후 두세 배의 차익을 남기고 매각했다. 신도시 내 단독주택지가 초기엔 주로 미분양되기 때문에 가격이 떨어질 때까지 기회를 기다린 것이다. 기다리는 자에게 '복'이 있나니.

Key Point

용도지역이란

토지의 이용과 건축물의 용도 · 건폐율 · 용적률 · 높이 등을 제한하기 위해 책정해 놓은 구역을 용도 지역이라고 한다. 용도 지역은 도시 지역, 관리 지역, 농림 지역, 자연 환경 보전 지역 등 4가지 종류로 구분된다. 도시 지역은 다시 주거 지역, 상업 지역, 공업 지역, 녹지 지역 등으로 구분되고, 주거 지역은 1~2종 전용 주거 지역, 1~3종 일반 주거 지역, 준주거 지역으로 분류된다. 1종보다는 2종이, 2종보다는 3종의 용적률이 더 높다. 서울시를 기준(2005년 말)으로 할 때 일반 주거 지역은 1종 150%, 2종 200%, 3종 250%의 용적률을 적용한다. 일부 상업 · 업무 시설이 들어설 수 있는 준주거 지역은 용적률이 400%까지 늘어날 수 있다.

상업 지역은 중심 · 일반 · 근린 · 유통 상업 지역 등으로 재분류된다. 용도 지역 중 땅값이 가장 비싸다. 용적률이 높게 적용되기 때문이다. 서울 일반 상업 지역의 경우 용적률이 800%까지도 가능하다.

관리 지역이란 예전의 준도시 지역과 준농림 지역을 합친 개념이다. 즉 개발 가능성이 있는 땅이다. 보전 관리 지역 · 생산 관리 지역 · 계획 관리 지역 등으로 다시 구분된다. 특히 계획 관리 지역은 도시 지역으로 편입이 예상되는 지역 또는 환경을 고려해 제한적으로 이용하고 개발을 하려는 지역이다. 투자 용도로는 이 계획 관리 지역이 가장 적합하다.

자연 녹지 지역도 개발 가능성이 높다는 면에서 비슷하다. 자연 녹지는 도시 용지의 공급을 목적으로 지정되는 곳인 만큼 도시가 커지면 우선 개발될 가능성이 있다. 용도 지역의 경우 정부의 정책적 필요에 따라 지정됐기 때문에 지목과 달리 소유자 마음대로 바꾸기 어렵다.

건축할 수는 있지만 건축물이 들어서지 않는 빈 땅을 뜻하는 '나대지', 한 필지 안에서 건폐율 · 용적률 제한 때문에 건축되지 못한 '공지', 사방이 도로에 접하지 않아 값어치가 떨어지는 '맹지' 등은 관습적인 용어다.

이런 땅 절대로 피하라

땅은 다른 조건이 다 비슷해도 생김새에 따라 가격 차이가 클 수도 있다. 일반적으로 네모에 가까운 반듯한 모양일수록 가치가 높은 것으로 여긴다. 모양이 좋지 않으면 주변 토지를 추가로 매입해 모양을 좋게 만드는 방법으로 땅의 가치를 높일 수도 있다.

땅에 대해 나름대로 일가견이 있다고 자부하고 있던 이상엽 씨(49)는 강원도 횡성의 야산 3,000여 평을 평당 8만 원에 매입했다. 이 씨는 이곳에 전원주택 단지를 조성하려다 깜짝 놀랐다. 여름에 땅을 살 땐 보이지 않던 묘지가 3기나 발견됐기 때문이다. 인근 동네 주민들을 통해 수소문 끝에 1기의 주인을 찾았지만, 2기의 묘지에 대해선 좀체 주인을 찾을 길이 없었다. 우리나라에서는 남의 묘지를 함부로 이장할 수 없기 때문에 이 씨에게 이들 묘지는 큰 골칫거리였다. 전원주택 단지를 조성하려던 계획에도 차질이 빚어졌다.

이 씨처럼 '기피 요소'를 제대로 챙기지 못하고 서둘러 땅을 매입했다 낭패를 당하는 사람들이 적지 않다. 가장 큰 기피 대상은 당연히 묘지다. 이른바 분묘기지권(墳墓基地權) 때문이다.

이래서 땅은 겨울에 봐야 정확하게 볼 수 있다. 봄과 여름엔 수풀이 우거지고, 가을엔 낙엽이 무성하기 때문에 산에 묘지가 있어도 한 눈에 알아보기 힘들다. 앙상한 나무들이 그대로 드러나 땅의 모양과 묘지 유무를 제대로 파악할 수 있는 겨울이야말로 땅을 보러 다니기에 제격이다.

꼭 마음에 드는 땅이 있는데 묘지가 몇 기 있다면, 매도자에게 묘지의 이장을 먼저 요구한 후 매입을 결정하는 게 좋다. 이때 이장이 제대로 이뤄졌는지 눈으로 직접 확인할 필요가 있다.

매입하려고 마음먹은 땅 주변에 도랑이 있는 것도 좋지 않다. 토지 용어로는 구거라고 부른다. 구거가 있으면 진입로를 내기가 쉽지 않고 따라서 활용 가치가 크게 떨어지기 마련이다.

구거가 있는 땅을 굳이 매입했다면, 나중에 이곳을 메우는 게 좋다. 다만 이 구거가 정부 소유의 땅도 아니고 개인 소유라면 문제가 더욱 복잡해진다. 자연스럽게 알박이가 돼 큰돈을 주고 사야 할 수도 있다. 구거가 도로변이 아닌 땅의 중간 지역에 있는지도 확인해야 한다. 구거는 특히 여름에 무성한 수풀 때문에 꼼꼼하게 살피지 않으면 놓치기 쉽다.

땅에 전신주가 많이 박혀 있어도 투자 가치가 떨어진다. 전신주가 있으면 땅을 제대로 활용하기 어려운 탓이다.

이 밖에 땅이 지나치게 가팔라선 안 된다. 경사가 급할수록 활용 가치가 떨어지는 땅이다. 일반적으로 경사도가 **25~30도** 이상이면 매입하지 않는 게 좋다. 경사가 심한 곳(보통 임야)엔 전원주택을 짓기도 어렵다.

하지만 경사가 심해 가격이 아주 싸게 나왔다면 또 다른 경우이다. 산을 깎아 완만하게 만들면 되기 때문이다. 땅이 움푹 꺼져 있거나 울퉁

불퉁해도 단순 공사를 통해 투자 가치를 충분히 높일 수 있다. 다만 주변에 공사를 진행할 만한 토양이 충분한지 먼저 확인하는 게 좋다. 간단한 개발로 가치를 높이는 방법인 셈이다.

땅은 다른 조건이 다 비슷해도 생김새에 따라 가격 차이가 클 수도 있다. 일반적으로 네모에 가까운 반듯한 모양일수록 가치가 높은 것으로 여긴다. 모양이 좋지 않으면 주변 토지를 추가로 매입해 모양을 좋게 만드는 방법으로 땅의 가치를 높일 수도 있다.

땅에 포함돼 있는 수목이 너무 훌륭해도 투자 가치를 높이는 데 오히려 마이너스 요소다. 한국토지공사에 다니다 정년 퇴임한 배 모씨(68)는 퇴직금을 충청도 땅에 묻어두면 큰 이익을 볼 수 있을 것으로 판단하고 덩어리 땅을 사들였다. 2만 평에 달하는 임야였다. 이 지역 군청에서는 매년 봄마다 배 씨의 산에 나무를 조성하기 시작했다. 배 씨는 마다할 일이 아니라고 생각했고, 자신도 묘목을 정성스레 가꾸면서 땅을 '관리하기' 시작했다. 6~7년 후 이 지역 주변이 개발되기 시작했다. 개발 호재가 속속 생기면서 땅값도 하루가 다르게 올랐다. 하지만 배 씨의 땅은 보전 지역으로 묶여 버렸다. 그동안 땅을 꾸준히 가꿔온 탓에 보존 가치가 높은 나무가 무성해 버렸기 때문이다. 개발이 가능하지 않은 땅을 사겠다며 나서는 사람도 없었다. 땅값도 주변 시세의 20~30%에 불과했다.

배 씨의 사례는 투자 목적으로 땅을 매입할 경우 '과도하게' 관리해선 안 된다는 점을 말해 준다. 맹지를 사서 도로를 낸다든지 경사가 가파른 임야를 고르게 만든다든지 하는 정도를 넘어 보존 가치가 높은 나무나 식물을 애써 가꿀 경우 나중에 골칫거리가 될 수도 있다.

Key Point

5만분의 1 지형도

땅 고수 중에는 '지도'의 중요성을 강조하는 사람들이 많다. 땅을 보러 다닐 때 세밀한 지도가 꼭 필요하다고 말한다. 특히 전국 5만분의 1 지형도를 주로 추천하고 있다. 들고 다니기에도 부담스럽지 않으면서 전국의 토지 현황이 비교적 상세하게 나타나 있다.
지도상 거리 1cm는 '50,000cm(1cm×50,000)'이기 때문에, 500m가 되는 셈이다. 다시 말해 지도상의 1cm²가 실제로는 500m²가 된다는 얘기다. 이를 다시 알기 쉽게 '평'으로 변환하면, 1m²가 0.3025평이기 때문에 5만분의 1 지형도에서 나타난 새끼손톱만한 크기(1cm²)는 대략 151평이 된다.
하지만 5만분의 1 지형도를 준비했더라도 직접 발품을 팔면서 실제 지도와 얼마나 차이가 있는지를 확인하는 것은 본인의 몫이다.

땅 볼 때 필요한 서류들

땅을 매매할 때 꼭 확인해야 할 공부상 서류들이 있다. 토지 이용 계획 확인서·지적도·토지 대장·건축물 대장·등기부 등본 등이다.
가장 중요한 서류는 토지 이용 계획 확인서다. 사람으로 치면 주민등록 등본과 같은 것이다. 이 서류에는 토지의 위치와 지목·면적 등이 표기돼 있다. 밑에 12가지 확인 사항이 있다.
도시 관리 계획·군사 시설·농지·산림·자연 공원·수도·하천·문화재·전원 개발·토지 거래·개발 사업·기타 등이다.
또 도시 관리 계획은 용도 지역·용도 지구·용도 구역 등으로 나뉘는데 이중 용도 지역을 주목해야 한다. 용도 지역에 따라 건폐율·용적률 그리고 건축 가능한 시설물의 종류도 결정되기 때문이다. 도시 지역의 녹지 지역 가운데 자연 녹지 지역이 개발가능성이 높다. 또 같은 녹지 지역이라도 보존 녹지 지역은 개발보다 보존성이 상대적으로 강하다.
이 밖에 토지 대장을 통해 면적·소유주·개별 공시지가 등을 확인해야 한다. 특히 토지 위에 건축물이 있을 경우 건축물 대장도 확인해 토지대장상 지번·소유주와의 일치 여부 등을 점검해야 한다. 지적도로는 정확한 땅의 모양과 도로와의 연접 관계를 확인하고, 등기부 등본으로는 소유주 확인과 함께 은행 대출 등 설정 사항을 파악할 수 있다.

이런 아파트 절대로 피하라

투자 목적으로 일반 아파트를 매입할 생각이라면, 지은 지 3년이 넘었거나 20년이 안 된 아파트는 매입 리스트에서 일단 제외시켜 놓는 게 좋다. 입주한 지 3년 이하라면 새 아파트 프리미엄을 누릴 수 있다.

중소기업에 다니는 허행 씨(33)는 수 년 전 결혼과 동시에 전셋집을 마련, 신혼 살림을 차렸다. 6,000만 원 가량의 자본금에다 대출을 합해 9,000만 원짜리 아파트였다. 위치는 뚝섬 서울숲 바로 앞인 성수동 D아파트로 18평형짜리였다. 당시 시세는 1억 3,000만 원 안팎이었다.

허 씨에게 첫 번째 기회가 찾아왔다. 집주인이 싸게 줄 테니 매입하라고 권유했던 것이다. 교통도 괜찮고 주거 환경도 쾌적한 편이어서 고민스러울 수밖에 없었다. 일단 전셋값에다 4,000만 원만 더 얹으면 내 집 마련에 성공할 수 있었기 때문이다. 물론 4,000만 원도 담보 대출로 충당할 수 있는 상황이었다.

허 씨는 이런 고민을 친구에게 털어놓았다. 친구는 불쑥 들어보니 괜찮은데 나라도 사야겠다면서 허 씨의 전셋집 바로 아래층을 매입했다. 고민 고민하던 허씨는 과감하게 "나도 사야지"하고 마음먹었는데 웬걸, 그새 가격이 1,000만 원이나 뛰어버린 것이었다.

허 씨는 다시 고민에 빠졌다. 괜히 손해 본다는 생각이 들어 주저하고 있었다. 그러던 중 서울시가 성수동 뚝섬 일대에 대규모 공원(서울숲)을 개발한다고 발표했다. 부랴부랴 집주인에게 전화를 걸었다. 혹시 주인이 개발 소식을 듣지 못한 채 급한 마음에 팔 수도 있겠다 싶었던 것이다. 역시 "안 판다"는 대답이 돌아왔다. 돈을 더 얹어 줘도 당분간 팔지 않겠다는 주인의 의지가 확고했다.

그러다 2년 전세 계약 만료일이 다가왔다. 다시 고민을 시작한 허씨의 결론은 "일단 집을 마련하자"였다. 여러 지역 아파트를 물색하기 시작했다.

우선 당시 살던 성수동 아파트의 매매가를 알아봤다. 18평짜리가 이미 평당 1,000만 원에 육박해 있었다. 이 아파트를 사려면 1억 8,000만 원의 자금이 있어야 했고, 대출을 낄 경우 이자가 너무 부담스런 상태였다.

결국 결정한 곳은 경기도 일산 신도시였다. 백석동 인근의 20평짜리 소형 아파트를 1억 3,000만 원에 매입했다. 하지만 허 씨에게 행운은 찾아오지 않았다. 매입 직후부터 백석동과 장항동 인근에 새 오피스텔이 한꺼번에 입주하기 시작했다. 소형 평형 아파트값이 우수수 떨어지기 시작했다.

소형 아파트에 대한 수요층은 주로 신혼부부나 독신자들인데, 이들이 싸고 깨끗한 오피스텔을 선호했기 때문이다. 특히 이 지역은 오피스텔촌(村)이라고 할 만큼 소형 평형의 주거 상품이 너무도 많은 곳이었다.

현재 허 씨가 매입한 아파트 가격은 매입 때보다 1,000만 원 가량 떨어진 상태였다. 뒤늦게 '실수'를 깨닫고 매물로 내놨지만, 부동산 경기가 침체되면서 집을 보러 오는 사람이 한 사람도 없었다.

허 씨는 이전에 살던 성수동 D아파트의 시세를 확인하고 다시 한번 좌절에 빠졌다. 이미 평당 2,000만 원을 훌쩍 넘어서고 있었다. 그 아파트를 떠나면서 '가격이 올라도 너무 많이 올랐다'는 생각으로 일산까지 이사 왔는데……. 허 씨 덕분에 성수동 아파트를 매입했던 친구는 항상 싱긍벙글이다.

허 씨의 실패 원인은 두 가지다. 한 가지는 '되는 곳이 된다'는 원리를 잊은 것이다. 즉 개발 호재가 있는 곳이라면 현재 가격이 높다고 판단되더라도 더 뛸 여력이 충분하다는 점을 간과했다는 얘기다. 강남권 아파트값이 최고 평당 3,000만 원을 돌파했을 때 많은 사람들은 '꼭지점'이라고 생각했지만, 일부는 평당 5,000만 원까지 갈 수도 있다고 판단했다. 그 일부만이 큰돈을 벌 수 있었다.

허 씨의 또 다른 실패 원인은 주변 환경 분석에 철저하지 못했다는 것이다. 소형 평형 주거 상품이 밀집해 있는 지역에서 소형 평형 아파트를 매입했으니 말이다. 매물이 많으면 살 때는 가격을 깎을 수 있겠지만, 팔기가 어렵고 가격이 쉽게 뛰지도 못하는 법이다. 이런 곳에선 주변 지역 시세가 일제히 오름세를 타더라도 동반 상승하기 어렵다.

이상섭 씨(37·서울 용산구)도 비슷한 이유로 실패한 케이스다. 이 씨는 지난 2002년 성북구의 대단지 H아파트를 한 채 매입했다. 이 아파트 단지는 총 4,500여 가구로 구성된 강북의 대표적인 대단지이다. 단지 안에 초등학교가 들어서 있으며 지하철역도 가깝다. 대형 평형이 전체의 30%를 차지하기 때문에 주민 커뮤니티 측면에서도 뒤지지 않는다.

하지만 이 아파트는 수 년째 가격이 움직일 줄 모르고 있다. 주변 단지들의 가격이 상승세를 탈 때도 이 아파트만 잠잠 무소식이라 투자 목적으로 이 아파트를 매입했던 이 씨의 애가 탈 수밖에 없었다.

아파트 부녀회가 움직이지 않는 것도 아니었다. 부녀회에서 일정 가격 이하로 매물을 내놓지 말 것을 '결의' 하기도 했지만 소용없었다. 이유는 이 아파트가 너무 큰 대단지란 점이었다. 각 평형당 매물이 수십~수백 개씩 쌓여 있으니 가격이 오르기 어려운 구조였던 것이다. 부녀회가 가격 담합을 결의하더라도 항상 매물은 풍부하기 마련이었다. 시장에서 급매물 위주로 거래되다 보니 가격이 쉽게 뛰기 어렵고 하락기에는 급매물이 쏟아지곤 했다.

이처럼 단지가 너무 크다면 투자 목적의 매입은 피하는 게 좋다. 다만, 강남권 등 핵심 지역에 위치하고 있거나, 재건축 호재가 있다면 투자성이 있다고 볼 수 있다.

이와 관련, 전세집을 구할 목적이라면 이런 대단지를 찾는 게 항상 유리하다. 전세 물건이 풍부하기 때문이다.

사실 이와 반대로 단지 내 가구 수가 너무 적다면 이것은 더욱 문제다. 통상 200가구 미만의 소규모 단지, 혹은 나 홀로 단지는 아무리 강남권에 위치하고 있더라도 가격이 쉽게 오르기 어렵다. 가구 수가 적으면 단지 내 편의 시설이 부족할 뿐만 아니라 지역 내 대표성을 띨 수 없다.

특히 단지 수가 적은 데다 소형 평형 위주라면 투자가치면에선 최악의 조합이다. 특히 요즘엔 '주민 커뮤니티'가 아파트값의 주요 변수로 부각되고 있는데, 소형 평형으로만 구성될 경우 상당히 불리하다.

단지 규모가 작더라도 중대형 평형 위주라면 그나마 나은 편이다. 또 소규모 단지라도 주변 대단지와 바로 붙어 있다면 대단지 프리미엄을 노릴 수 있다. 이런 아파트는 주변 대단지 아파트값이 뛸 때 덩달아 상승하는 경우가 많다. 그래서 주요 대단지 주변의 후광 효과를 노릴 수 있는 저평가된 아파트를 찾아내는 것도 투자 요령의 하나다.

아파트 단지 내에 임대아파트 비중이 높으면 아파트값에 마이너스 효과를 낸다. 앞서 지적한 '주민 커뮤니티' 때문이다. 중대형 임대나 전세형 임대아파트가 많이 늘어나고, 임대아파트에 대한 인식의 변화가 없는 한 이 같은 현상은 쉽사리 없어지지 않을 전망이다.

한때 임대아파트였다가 분양 아파트로 전환됐다 하더라도 집값엔 부정적이다. 임대아파트가 집값에 미치는 영향은 그만큼 크다. 서울 수서 지역이 강남권인데다 자연·교통 환경 등이 뛰어나지만 아파트값이 쉽게 뛰지 못하는 이유가 바로 전통적으로 임대아파트가 많았던 탓이다.

학군이 떨어지는 곳도 웬만하면 피하는 게 좋다. 우리나라 사람들의 교육열이 유난히 높기 때문에 학군이 아파트값에 미치는 영향은 결정적이다. 반대로 서울 대치동·목동·중계동 등 학군이 좋은 지역의 경우 아파트값이 그 지역의 대표성까지 띤다. 학군이 좋으면 아파트값 상승을 견인하게 되고, 반대로 학군이 좋지 않으면 부동산 가격 침체기에 가장 먼저 타격을 받게 된다.

판교 신도시를 제외하고 2006년에 관심을 끈 수도권 남부 택지지구는 바로 성남 도촌지구와 하남 풍산지구다. 두 지구 모두 강남권과 가까운 뛰어난 입지를 자랑하고 있고, 친환경적인 도시여서 실수요자 및 투자자들의 큰 관심을 모으고 있다.

하지만 두 택지지구의 결정적인 차이가 바로 학군이다. 도촌지구는 판교·분당과 맞닿아 있어 학군이 좋은 편이다. 하지만 풍산지구의 경우 추천할 만한 학교가 드물다. 때문에 두 택지지구의 집값 차이가 향후 점점 더 벌어질 것으로 전망된다.

투자 목적으로 일반 아파트를 매입할 생각이라면, 지은 지 3년이 넘었거나 20년이 안 된 아파트는 매입 리스트에서 일단 제외시켜 놓는 게 좋다. 입주한 지 3년 이하라면 새 아파트 프리미엄을 누릴 수 있다. 특히 새집 증후군 때문에 처음 입주하려는 사람들이 상대적으로 적다는 점을 감안하면 지은 지 1~2년 후가 가장 적당한 매수 타이밍이라고 볼 수 있다.

매도자 입장에선 입주 후 1년 이하면 50%, 1~2년이면 40%, 2년 이상이면 9~36%의 양도소득세를 내야 한다. 그래서 통상 입주 후 2년까지는 새 아파트의 매물이 적은 편이다. 가격이 쉽사리 떨어지지 않는 이유다.

지은 지 20년이 지나지 않으면 재건축 혹은 리모델링 호재를 기대할 수 없다. 요즘엔 20년이 훨씬 넘어도 재건축하기 쉽지 않지만, 통상 20년만 지나면 재건축 혹은 리모델링에 대한 기대심리가 서서히 살아나기 때문에 가격 상승 메리트가 있다. 지은 지 3~20년이 된 아파트는 새 아파트 프리미엄이나 재건축 기대 심리를 노릴 수 없기 때문에 같은 조건이라면 피하는 게 상책이다.

　분양 아파트를 고를 때도 일반 아파트처럼 소규모 단지, 학군이 떨어지는 단지, 지하철 등 교통망이 좋지 않거나 향후 계획도 없는 단지, 지하철역이 있더라도 아파트와의 사이에 재래 시장 등 걷기 불편한 요인이 있는 단지 등은 아닌지 살펴야 한다.

　또 장기 미분양된 상태라면 미분양의 이유가 항상 있는 만큼 가격을 깎아 준다고 덥석 계약해선 안 된다. 장기 미분양 아파트의 경우 더욱 꼼꼼하게 접근해야 한다. 한참 뜯어보면 '그럼 그렇지' 하고 고개를 끄덕이게 만드는 요인이 반드시 한두 가지 나오게 마련이다.

#02

부자들의 투자 기초지식을 훔쳐라

경매로 부자 되기　|　모델하우스 뜯어보기　|　부동산 제값에 팔기　|　발코니 제대로 확장하기　|　청약 통장 가입하기　|　적립식 펀드로 목돈 만들기　|　은행 100% 활용하기　|　인생을 10년 단위로 쪼개라　|　연금 상품으로 행복한 노후 준비하기

경매로 부자 되기

경매 투자 성공의 관건은 권리 분석이다. 권리 분석이란 경매 물건에 설정돼 있는 근저당권·지상권 등 물권과 가압류·압류 등 채권이 낙찰 후 소멸될 수 있는지 살펴보는 절차다. 특히 경매 물건은 서류와 실제 내용이 다른 경우가 많다.

중소기업에 다니는 김종수 씨(39)는 지난 2005년 초까지만 해도 번듯한 집 한 채 갖는 것이 그의 소망이었다. 하지만 인기 분양 아파트 청약엔 번번이 떨어졌고, 일반 주택이나 미분양 아파트를 제값에 사는 건 왠지 손해 보는 느낌이어서 주저할 수밖에 없었다.

김 씨의 꿈은 경매를 통해 이뤄졌다. 그는 같은 해 4월 서울 송파구의 24평짜리 다세대주택을 최초 감정가의 90% 수준인 1억 9,000만 원에 낙찰 받았다. 부족한 자금은 경락잔금 대출을 활용했다. 김 씨는 요즘 싱글벙글이다. 정부의 송파 신도시 조성 발표로 집값이 급등했기 때문이다. "경매로 집을 싸게 마련하고 재테크에도 성공했다"는 게 김 씨의 설명이다.

경매에 대한 관심이 높다. 무엇보다 시세보다 싼 값에 부동산을 매입할 수 있다는 장점 때문이다. 특히 부동산 침체기에는 '괜찮은' 물건들이 경매 시장에 쏟아지기 마련이다. 자금 회전에 문제가 생겨 담보로 잡힌 부동산이 무더기로 경매에 부쳐지는 탓이다. 일반 중개업소를 통해선 찾을 수 없던 물건들도 경매 시장에선 흔하게 볼 수 있다. 경매가 '불황기 재테크' 수단으로 꼽히는 이유도 이 때문이다.

경매를 잘만 활용하면 내 집 마련과 시세 차익의 두 마리 토끼를 효과적으로 잡을 수 있다. 하지만 경매 기간이 길고 절차가 복잡하기 때문에 자칫 비싼 수업료를 지불할 수 있는 만큼 권리 분석을 철저히 해야 한다.

경매 시장에서 가장 인기를 끄는 부동산 상품은 단연 재개발·뉴타운 지역의 노후 주택이다. 2005년 12월 동작구 노량진동의 한 연립주택 경매에는 입찰자만 97명이 몰리면서 최초 감정가(5,500만 원)의 4배가 넘는 2억 3,820만 원에 낙찰되기도 했다.

재개발·뉴타운 지역에 속한 노후 주택이 높은 수익률을 기대할 수 있는 것은 아파트 입주권이 보장되기 때문이다. 보통 대지 10평 정도를 확보하고 있으면 입주권이 나온다. 특히 노후 주택의 경우 건물이 낡아 감정가가 낮은 데다 재개발 기간이 길기 때문에 자금 운용에도 유리한 측면이 있다.

환금성이 좋은 아파트의 경우 서울을 기준으로 시세의 80~90%선에서 낙찰 받을 수 있다. 하지만 일부 개발 호재 지역에선 감정가의 100~200%에 달하는 고가 낙찰도 속출하고 있다.

법원 현장 분위기에 휩쓸려 무리하게 입찰 가격을 써 냈다가 오히려 손해 보는 경우도 비일비재하다. 낙찰 후 3개월 정도 지난 다음 소유권 이전등기가 가능하다는 점을 감안해 가격 하락기에는 입찰 가격을 보수적으로 써낼 필요가 있다.

경매 투자 성공의 관건은 권리 분석이다. 권리 분석이란 경매 물건에 설정돼 있는 근저당권·지상권 등 물권과 가압류·압류 등 채권이 낙찰 후 소멸될 수 있는지 살펴보는 절차다. 특히 경매 물건은 서류와 실제 내용이 다른 경우가 많다.

권리 분석 과정에서 현장 답사와 시세 조사는 필수다. 결국 발품을 얼마나 파느냐에 따라 경매 수익률이 결정된다는 얘기다.

경매 입찰 가격을 써넣을 때 세금을 따로 계산할 필요가 있다. 1억 원짜리 주택을 경매로 취득할 경우 세금 등 부대 비용은 800만 원(취득가액의 8%)선이다. 부대 비용을 생각하지 않고 자칫 수중의 돈을 모두 사용할 경우 낭패를 당할 수 있는 만큼 유의해야 한다.

대항력이 있는 세입자가 살고 있는 물건이라고 무조건 기피할 일은 아니다. 임차인과 합의만 잘 된다면 세입자를 새로 구해야 하는 번거로움과 자금 부담을 덜 수 있기 때문이다.

낙찰자들이 권리 분석만큼 어렵게 생각하는 부분은 바로 명도(明渡·집 비우기)다. 집에 대한 법적 소유권을 얻더라도 임차인이 비워주지 않으면 온전한 재산권을 행사할 수 없다.

이래서 매수인이 임차인에게 이사 비용을 일부 지급하는 게 관례로 돼 있다. 32평형 아파트를 기준으로 200만 원 안팎 명도비를 주는 게 보통이다.

임차인과의 협상이 원만하지 않을 경우 곧바로 인도 명령을 신청하거나 명도 소송을 제기할 수 있다. 다만 최종 명도 때까지 6개월 정도 시간이 걸린다는 점을 감안해야 한다. 전문가들은 대화와 인내를 명도의 '왕도(王道)'로 꼽고 있다. 임차인을 자주 만나서 진정성을 보여주고 설득력 있는 반대 급부를 제시하는 게 실마리를 푸는 첫 열쇠란 뜻이다.

토지 경매의 경우 규제면에서 주택 경매보다 한결 나은 편이다. 토지 거래 허가 구역 내 토지라 하더라도 경매로 취득할 경우 전매 금지 기간(지목별로 2~5년)의 적용에서 자유롭기 때문이다. 하지만 일단 취득한 후에는 전매 및 토지 이용 의무 강화 · 자금 내역서 제출 · 양도세 중과 등 각종 규제로 인해 땅을 되팔기가 쉽지 않을 전망이다.

부동산중개업법 개정으로 2005년 1월 30일부터 공인중개사들의 경매 대리 입찰이 허용됐다. 일반인들이 경매에 손쉽게 접근할 수 있는 발판이 마련된 셈이다. 다만 경매 시장의 저변이 확대되면서 매각가율(낙찰가율) 상승 가능성이 점쳐지는 점은 생각해 봐야 할 대목이다.

Key Point

경매 투자 성공하려면

01. 실거주인지 투자 목적인지 분명해야
02. 권리 분석은 경매의 처음이자 마지막
03. 유찰 잦은 물건은 피하는 게 좋아
04. 입찰 전 주변 시세 철저히 파악해야
05. 법원 현장 분위기에 휩쓸려선 안 돼
06. 낙찰 3개월 후 가격 변화 예측해야
07. 세금·잔금 등 자금 계획 꼼꼼해야
08. 명도 위해선 대화와 인내 가장 중요
09. 낙찰 5~6개월 후 이사를 간다는 마음으로

경매 절차 흐름도

경매 신청 및 개시 결정(접수 후 2일 이내) → 경매 준비 → 매각 결정 기일 지정 및 공고(신문·법원 게시판 공고) → 매각 기일 경매 실시 → 법원, 매각 허가·불허가 결정(7일 이내) → 매각 잔금 납부(확정 후 1개월 이내) → 배당 절차(잔금 납부 후 1개월 전후) → 소유권 이전등기 촉탁 및 부동산 인도 명령 → 경매 완결

경매절차에 대해서

부동산 경매에 참여하려면 우선 지역을 정해야 한다. 지역에 따라 해당 물건을 취급하는 법원이 달라지기 때문이다. 예를 들어 서울 성북구의 20평형대 아파트 매입을 염두에 두고 있다면 서초동 중앙 지방법원을 찾으면 된다.

경매 물건은 보름 전 공고가 원칙이다. 대법원 법원 경매 홈페이지(www.courtauction.go.kr)나 경제지 등의 경매 공고를 통해 확인할 수 있다.

입찰자가 없어 유찰된 물건의 경우 최저 입찰 가격이 한 번에 20%씩 떨어진다. 예컨대 감정가 3억 원짜리 주택이 최초 경매에서 한 번 유찰됐다면 최저 입찰가 2억 4,000만 원에 재경매되는 방식이다. 관심 물건에 대해선 대법원 인터넷 등기소(www.iros.go.kr)를 통해 공부상 서류 열람을 할 수 있다.

발품을 팔아야 하는 것은 이때부터다. 동사무소에서 세대 열람을 통해 세입자와 전입 일자 등을 확인하거나 부동산 중개업소 등을 활용, 시세 조사와 입지 분석을 병행해야 한다. 최종 매각 기일 전까지 이런 과정을 끝마치면 'D-데이' 엔 본인(또는 대리 중개사·대리 변호사)이 직접 법원에 나가야 한다. 관심 물건의 최저 매각 가격 대비 10%에 해당하는 자기앞수표와 신분증·도장 등이 필요하다.

경매 개시 시간은 서울 기준으로 오전 10시, 법원 안내에 따라 입찰표를 작성한다. 이후 투찰을 실시하면 늦어도 오후 1시까지 낙찰 여부가 가려진다.

관심 물건을 낙찰 받더라도 곧바로 소유권 이전등기가 되는 것은 아니다. 이후 일주일 간 경매 과정에 하자가 없었는지 법원이 심리한다. 낙찰 허가가 떨어지면 낙찰자가 매수인으로 신분이 바뀌게 된다. 이로부터 일주일의 항고 기간을 거쳐 잔금 통지서가 매수인에게 발송된다. 한 달 내 잔금을 납부하면 이때 경매 물건이 매수인의 소유권으로 인정된다. 물론 잔금을 빨리 치르면 소유권 이전등기가 그만큼 빨라진다.

잔금을 내고 나면 명도 절차가 남아 있다. 임차인과 협상을 통해 1~2개월 안에 명도 문제를 해결하는 게 일반적이다. 임차인 명도를 위해 강제 집행을 결정할 경우, 집행 비용은 32평형 아파트를 기준으로 100만 원 안팎이다.

모델하우스 뜯어보기

모델하우스에 들렀을 때 마감재의 색상이나 수준, 질감만을 고려해선 안 된다. 실용성과 기능성을 더 따져야 한다. 대형 건설업체가 짓는다고 평면이나 마감재가 뛰어난 것도 아니다.

우리나라에서 아파트를 매입할 때 투자가치면에서 가장 안전한 방법은 바로 신규 분양을 받는 것이다. 일단 분양을 받으면 시세가 분양가 이하로 떨어지는 일은 드물다. 분양받을 때 반드시 들러야 할 곳은 모델하우스(견본 주택)다.

모델하우스는 화려하다. 건설업체들이 고급스러운 소파·커튼·식탁·가전 제품 등으로 치장하고 있어서다. 모두 소품에 불과하지만 많은 사람들이 이런 소품에 현혹되곤 한다. 모델하우스를 둘러볼 때는 무엇보다 나무보다 숲을 보는 지혜가 필요하다. 특히 실수요보다 투자 목적으로 분양받을 때라도 실제로 자신이 거주할 것이란 마음가짐으로 살펴봐야 한다.

모델하우스에 들르면 가장 먼저 눈에 들어오는 것이 단지 모형이다.

모델하우스 1층 중앙에 배치되는 모형은 단지의 입지와 주변 현황을 한눈에 보여 준다.

이 모형을 통해 원하는 평형의 단지 배치도를 우선 확인할 수 있다. 안내 팜플렛을 통해 볼 때보다 단지의 형태와 향·경사도·출입문의 위치 및 진입 여건·주차 시설의 배치 형태·단지 내 커뮤니티 시설의 배치 등을 손쉽게 파악할 수 있다.

동시에 단지 주변의 교통 여건과 자연 환경·학교 및 주변 편의 시설과의 거리 등도 알 수 있다. 의문 사항이 생기면 모델하우스 도우미나 상담사에게 즉시 물어 봐야 하는 것은 물론이다.

다음에는 각 평형별로 천천히 둘러볼 차례다. 각 견본 평형에 들어서기 전 입구에 설치해 놓은 평면도를 뜯어 보라. 평면도에는 전용면적과 방 배치 등이 기재돼 있다. 여기서 분양 면적 대비 전용면적이 얼마나 넓은지를 확인한다. 분양 면적이 32~33평형인데 전용면적이 25.7평이라면 가장 기본으로 나온 셈이다. 전용면적이 27평 이상이라면 실거주 면적이 넓게 나온 구조다.

30평형대 기준으로 방 배치가 3베이(방-거실-방을 나란히 배치)라면 이 또한 가장 기본이다(예전에는 방-거실의 2베이 구조가 많았다).

요즘에는 30평형대에서도 4베이(방-거실-방-방) 또는 4.5베이(방-거실-방-방-욕실) 구조도 많이 나오는 추세다. 베이 수가 많을수록 환기 및 채광에 유리하다. 또 발코니 면적도 많이 나오기 때문에, 확장하면 같은 평형의 다른 아파트보다 넓게 쓸 수 있다.

일반적으로 아파트 모양이 판상형(직사각형)보다 타워형(또는 탑상형)일 때 베이 수가 더 많아진다. 지난 2004년 경기 화성 동탄신도시 시범 단지에서 월드건설이 35평형을 4.5베이 구조로 분양, 청약 경쟁률 200대 1의 신화를 기록했던 것도 이 단지가 타워형이었기 때문에 가능한 일이었다.

신평면 도입으로 가변형 벽체를 사용하고 있는 곳도 적지 않다. 가족 수에 따라 방 개수를 늘리거나 줄일 수 있어 편리하다. 이런 사항들은 견본 평형 밖에 걸린 평면도만으로 모두 확인할 수 있다.

견본 평형 현관 안으로 들어서면 일단 전실이 얼마나 넓은지 확인할 필요가 있다. 전실은 서비스 면적이기 때문에 이곳이 넓으면 실제 사용 공간이 늘어나는 셈이다. 전실엔 자전거나 화분 등을 놓아 두기 좋다.

현관 인터폰과 전기 분전함 등의 위치도 동시에 확인해야 할 부분이다. 일반적으로 인터폰의 위치는 현관 손잡이 방향의 문틀 옆 상단이 가장 합리적이다.

홈 오토메이션의 경우도 어디에 설치돼 있는지 살펴보자. 거실이 아니라 인터폰처럼 현관에 설치돼 있다면 그냥 말로 '누구세요?'라고 묻는 게 나을 수도 있기 때문이다. 반대로 거실 안쪽에 깊숙이 위치해 있다면 움직이는 동선이 너무 길어지는 문제점이 생길 수 있다.

큰 틀에서는 각 방의 크기와 배치·화장실 위치·붙박이장의 설치 유무를 살펴본다. 특히 실제 이사를 간다고 생각하고 옷장 등의 배치를 마음속에 그려보는 게 좋다.

거실을 살펴볼 땐 보조 조명의 유무 등 보이지 않는 곳까지 꼼꼼하게 볼 필요가 있다. 특히 요즘엔 안방에 드레스룸을 따로 설치하는 게 보통

인데, 이곳에 천정 매립 형태의 보조 조명 시설을 설치해 분위기를 살려주는 아파트도 많다.

주방은 가장 꼼꼼하게 살펴볼 곳 중의 하나다. 난방온수 조절 밸브의 경우 대부분 씽크대 하부 중앙에 설치되지만, 공간 활용의 효율성이 떨어지는 단점이 있다. 요즘엔 벽면에 노출시키는 대신 가구장 등으로 인테리어 효과를 내는 경우가 많다.

2005년 12월부터 발코니 구조 변경이 합법화된 후 건설업체마다 모델하우스에 발코니 확장형 모델을 선보이고 있다. 발코니 확장을 선택하지 않을 경우 내부가 훨씬 좁아진다는 사실을 염두에 두고 살펴봐야 한다.

발코니 확장을 선택하면 시스템 창호를 설치할 것인지, 이중창을 설치할 것인지 미리 생각해 놓는 게 좋다. 특히 각 건설업체에서 제시하는 확장 비용이 합당한지 함께 따져 봐야 한다.

발코니에 세탁기를 두는 가정이 많은데, 확장할 경우 세탁기를 어디에 놓을지도 미리 생각해 놓을 필요가 있다. 세탁기를 놓으려면 기본적으로 배수로가 설치돼 있어야 한다. 침실과 접하고 있는 뒤쪽 발코니의 경우 배수 시설이 설치되지 않은 경우가 많다. 세탁기 설치에 필요한 수도가 따로 설치되는지도 확인해야 할 사항이다.

실내 곳곳에 수납장이 많다면 무척 편리하다. 특히 벽체의 활용이 쉽지 않은 공간에 매립식 수납 공간은 많을수록 금상첨화다.

다만 신발 수납장의 경우 내부 깊이가 너무 짧으면 신발을 넣는 데 불편할 수 있다. 신발장 문짝에 거울이 붙어 있을 경우 보기에는 좋지만 파손 위험이 높다.

　모델하우스에 들렀을 때 마감재의 색상이나 수준, 질감만을 고려해선 안 된다. 실용성과 기능성을 더 따져야 한다. 대형 건설업체가 짓는다고 평면이나 마감재가 뛰어난 것도 아니다. 요즘엔 품질 하나로 승부해야 하는 중견 업체들이 오히려 이런 면에서 더 낫다고 할 수 있다.

Key Point

분양권 계약할 때 유의점

분양권은 이미 분양된 아파트를 취득하거나 입주할 수 있는 권리다. 주식 시장의 선물(先物)과 비슷한 개념이다. 분양권을 몇 개 갖고 있더라도 소유권 이전등기 전까지는 주택 소유자가 아니란 뜻이다. 분양권 전매는 계약자의 권리와 의무를 제3자에게 넘기는 과정을 말한다.

분양권을 매매하기 전 그 지역이 투기 과열 지구인지 먼저 따져 봐야 한다. 투기 과열 지구이면서 과밀 억제·성장 관리 권역이라면 입주 때까지 분양권 전매가 금지되기 때문이다. 그 외 광역시(대전 제외)에서는 분양 계약 1년 후부터 전매가 가능하다. 이런 지역을 제외하면 계약 직후부터 분양권을 사고 팔 수 있다.

분양권 매매계약을 맺으면 매매 당사자들은 검인을 받아야 한다. 사는 사람이나 파는 사람이 분양계약서와 매매계약서를 갖고 시·군·구 지적과에 가면 된다.

분양권을 사는 사람이 원계약자의 대출을 승계할 경우 은행을 방문해 중도금 대출채무승계 신청서와 확약서를 내야 한다.

다음은 명의 변경이다. 사는 사람이 인감증명서, 인감도장, 신분증, 검인 계약서를 준비하면 된다. 이때 매도자는 인감증명서, 인감도장, 신분증, 주민등록 등본, 분양 계약서를 갖고 건설업체로 가서 명의 변경을 신청한다.

재건축이나 조합 아파트의 경우 절차가 더 복잡하다. 건설사와 조합 사무실을 모두 찾아가 명의 변경을 신청해야 한다. 잔금을 치른 후 매수자가 분양계약서를 넘겨받으면 전매 절차가 완료된다.

분양권을 매도한 사람은 양도 차익이 발생할 경우 세금을 내야 한다. 차익 가운데 연간 250만 원까지 기본 공제된다. 양도 차익이 250만 원 이하일 경우 세금을 내지 않아도 된다는 의미다. 하지만 1년에 두 번 이상 분양권 전매를 했다면 한 번만 기본 공제가 적용된다.

양도 차익에 대해선 분양권 보유 기간과 양도 차익에 따라 세율이 달라진다. 1년 안에 팔면 차익의 50%, 2년 안에 팔면 40%가 양도세다. 2년 이상 보유할 경우 차익에 따라 9~36% 차등 적용된다.

분양권을 매입한 사람은 취득·등록세를 따로 내지 않는다. 분양권은 주택이 아니기 때문이다. 입주 후 소유권 이전등기를 하면서 해당 세금을 내면 된다.

부동산 제값에 팔기

집을 팔 때는 무엇보다 급한 마음으로 접근해선 안 된다. 1~2달 안에 팔아야 한다고 생각하면, 급매물로 처리할 수밖에 없다. 여유 있게 접근하되, 시장 상황을 살펴서 매물이 가장 적을 때 내놓는 게 실속 있게 잘 파는 길이다.

부동산 투자의 또 다른 축은 '매도'다. 언제 어떻게 파느냐가 투자수익률을 결정짓는다. 또 차익을 많이 남기더라도 세금을 많이 내고 나면 손에 쥐는 돈이 얼마 안 되는 경우도 적지 않다. 부동산은 사는 것 못지않게 파는 게 중요하다는 뜻이다.

1가구 2주택 보유자가 아파트를 팔 때는 양도 차익이 적은 부동산부터 먼저 처분하는 게 순서다. 양도소득세가 기준 시가(또는 낮은 과표)로 적용되는 곳에 아파트를 갖고 있다면, 그곳의 아파트를 먼저 파는 게 유리하다. 다주택자가 소형 주택을 갖고 있다면 이 주택부터 먼저 처분하는 게 세금을 아낄 수 있는 길이다. 이렇게 매도 순서만 잘 따져도 적지 않은 세금을 아낄 수 있다.

다주택자는 부동산을 팔기 전 세대 분리하는 전략을 적극 구사할 필요가 있다. 종합부동산세 기준이 인별 과세에서 세대별 합산 과세로 바뀌면서 세대원이 소유하고 있는 모든 주택 가격이 합산 과세되고 있기 때문이다.

특히 주택 매매 시 다주택자로 분류되면 양도세가 크게 높아진다. 즉 본인과 자녀, 부모가 각 1채씩 주택을 보유하고 있다면 1가구 3주택자로 분류되기 때문에 주택을 팔 때 60%란 고율의 양도세율이 적용된다.

따라서 부동산을 팔기 전 '실질적으로' 세대 분리를 해야 한다. 세대 분리는 부동산을 파는 시점에만 돼 있으면 OK다. 부동산을 판 후 다시 세대를 합쳐도 된다.

집을 매물로 내놓아도 잘 팔리지 않을 때는 어떻게 해야 하나. 매매 거래의 경우 시세보다 조금 손해 본다는 생각으로 접근하면 의외로 빨리 팔 수 있다. 부동산 중개업자에게 '얼마 이상 절대 낮출 수 없다'가 아니라 '얼마 선을 고려하고 있는데, 급한 사람이 오면 얼마까지 깎아줄 수 있다고 하라'라고 일임하는 것이다. 집값 하락세가 이어지고 있는데 제 가격을 받으려다 자칫 더 큰 손해를 입을 수도 있다.

여러 곳의 중개업소에 매물로 등록하지 않고 단지에서 가장 돋보이는 한 중개업소에만 맡기는 것도 방법이다. 집을 한 중개업소에만 내놓으면 중개업자 입장에선 수수료 수익이 가장 높기 때문에 매매 처리에 적극적일 수밖에 없다. 독점 매물을 갖고 있는 중개업자가 다른 중개업소에 처리를 맡기면서 수수료를 뗄 수 있기 때문이다.

중개업자에게 수수료를 좀 더 얹어 주겠다고 약속하는 것도 고려할 만하다. 법정 수수료가 정해져 있지만, 수수료를 두 배 주는 게 시간이 지나면서 가치가 떨어지는 것보다 나을 수 있다.

집 내부를 평소 깨끗하게 청소해 놓는 자세도 필요하다. 매수자가 집을 둘러보고 좀 더 적극적으로 나설 수 있어서다. 하지만 전세 계약이 아닌 매매계약이라면 도배나 장판까지 새로 할 필요는 없다. 매수자들은 대개 이런 '주변 효과'에는 크게 현혹되지 않는다. 집을 팔 때는 무엇보다 급한 마음으로 접근해선 안 된다. 1~2달 안에 팔아야 한다고 생각하면, 급매물로 처리할 수밖에 없다. 여유 있게 접근하되, 시장 상황을 살펴서 매물이 가장 적을 때 내놓는 게 실속 있게 잘 파는 길이다.

처분하기 곤란하거나 가격 상승이 기대된다면 매도 대신 아예 증여 전략을 취할 수도 있다. 증여는 부모나 자녀에게 무상으로 재산을 넘겨주는 방식을 말한다. 이를 통해 다주택 보유자는 주택 수와 세 부담을 동시에 줄일 수 있다. 증여를 하면 부동산을 받은 사람이 증여세를 내야 한다. 만약 자녀에게 증여한다면 자녀가 부담해야 하는 증여세액까지 계산해 같이 넘겨줘야 한다.

이때 사전 증여로 절세 효과를 극대화시키는 방법이 있다. 사전 증여는 자식에게 미리 재산을 조금씩 분할해 넘겨주는 것이다. 상속·증여세는 누진과세 되는데, 공제를 제외한 과세표준이 1억 원 이하는 10%, 1억 원 초과~5억 원 이하는 1,000만 원+1억 원 초과 금액의 20%, 5억 원 초과~10억 원 이하는 9,000만 원+5억 원 초과금액의 30%, 10억 원 초과~20억 원 이하는 2억 4,000만 원+10억 원 초과 금액의 40%, 30억 원 초과는 10억 4,000만 원+30억 원 초과 금액의 50% 등이다.

가령 20억 원의 재산을 상속할 때, 자진 신고하면 공제 금액 10억 원을 제외한 10억 원에 대해 2억 1,600만 원의 세금을 물어야 한다. 그러나 상속세 대상인 10억 원 가운데 5억 원을 미리 증여하고 나머지 5억 원을 상속하면 10억 원이던 과세표준이 5억 원씩 둘로 쪼개지면서 세율이 종전 30%에서 20%로 낮아진다. 증여 공제를 감안한 세금은 1억 5,660만 원(8,100만 원+7,560만 원)으로 상속할 경우(2억 1,600만 원)보다 5,940만 원을 절세할 수 있다.

증여세는 10년간 받은 재산을 합쳐 계산한다. 또 피상속인(부모)이 사망하기 직전 10년간의 증여 재산은 상속 재산으로 간주돼 합산 과세된다. 증여받은 뒤 10년 이내 부모가 사망하면 증여에 따른 절세 효과가 적어진다는 얘기다. 따라서 과도한 상속세를 물지 않으려면 미리부터 증여 계획을 세우는 게 바람직하다.

특히 부동산 등 미래 상승 가치가 높은 재산은 서둘러 증여하는 게 유리하다. 부동산 가격이 오르는 만큼 과세 기준이 높아져 세 부담이 그만큼 커지기 때문이다. 물론 증여를 할 때도 배우자는 3억 원, 성인 자녀는 3,000만 원, 미성년 자녀는 1,500만 원씩 공제된다. 이를 초과한 부분에 대해서만 세금을 내면 된다. 신고 기간(6개월, 3개월) 내 상속·증여를 자진 신고하면 세금의 10%를 공제받는다는 점도 알아둘 필요가 있다.

부담부증여도 고려할 만하다. 담보 대출이나 전세 반환금을 낀 아파트를 물려주면서 증여계약서에 '피증여인이 증여인의 채무를 떠안는다' 는 조건을 다는 방식이다. 채무액만큼 증여세 과표가 줄어드는 효과가 생긴다. 이때는 증여인이 양도소득세를 내야 하지만, 전액 증여할 때보다 세금을 아낄 수 있다.

Key Point

매매계약서 쓰는 요령

부동산 매매계약서를 쓸 땐 각별히 주의해야 한다. 한 번 거래에 워낙 많은 돈이 오가기 때문이다. 먼저 매입 대상 물건에 대한 지번을 확인하고, 그 지번에 해당되는 등기부 등본, 토지 대장(임야 대장), 국토 이용 계획 확인원 등 각종 공부를 발급받는다.
매도자와 실제 소유자의 일치 여부나 압류·근저당·가등기 등 권리 관계·무허가 건물·공적 규제 여부도 살펴야 한다. 매도자는 양도소득세를, 매수자는 취득·등록세를 납부했는지 확인해야 한다.
단기간에 소유자가 많이 바뀌었거나 근저당권 설정 등 권리관계가 복잡한 부동산이라면 더욱 주의해야 한다.
등기부 등본을 통해선 소유자와 매도인의 일치 여부, 해당 부동산의 용도·면적·저당권이나 채권 설정 여부 등을 확인할 수 있다. 공인중개사나 집주인이 미리 떼어 놓은 등기부 등본을 제시할 때는 인지가 제대로 붙어 있는지, 발급 날짜가 언제인지 확인하자. 발급날짜가 계약체결일보다 많이 앞설 경우 그 사이에 다른 물권이 설정됐을 가능성도 배제할 수 없다. 등기부 등본은 계약 때뿐만 아니라 중도금이나 잔금 지급 때마다 그 직전 확인하는 게 좋다.
계약을 체결할 때는 상대방의 본인 여부를 확인한 뒤(본인이 아니면 위임장을 갖고 있는 제3자) 등기부상 실제 소유자일 경우 주민등록증과 대조한다. 대리인이 나왔을 때는 대리권을 증명해 주는 위임장과 인감증명서가 있는지 확인한다. 위임장의 진위 여부는 위임장에 찍힌 인감과 소유자의 인감증명서를 대조하면 알 수 있다. 인감증명서의 유효 기간(6개월)도 확인할 사항이다.
법률로 따로 정해진 계약서 양식은 없기 때문에, 백지에 계약 당사자 간 합의 사항을 기술하면 된다.
부동산 중개업소에 비치된 매매계약서를 사용해도 된다. 인쇄된 계약서 양식을 당사자 간 합의에 따라 수정하거나 삭제할 수도 있다. 계약서에는 기본적으로 목적물 표시 및 명도 시기, 매매 대금의 액수 및 지불 시기, 매도·매수인, 중개업자의 이름·주소·주민등록번호·연락처·날인, 매도인의 담보 책임·해약금·조세 공과 부담·기타 당사자 간 특약 사항 등이 담긴다.
매매 대금 등에 사용하는 숫자는 변조를 방지하기 위해 아라비아 숫자 대신 한자나 한글로 표기하는 게 좋다. 괄호 속에 아라비아 숫자를 병기하면 된다. 계약서에는 가급적 명료한 표현을 사용해 문구 해석을 둘러싼 잡음의 소지를 없애는 게 현명하다. 같은 내용의 계약서를 최소 3통 작성해 매도인·매수인·공인중개사가 각각 1통씩 보관한다.

발코니 제대로 확장하기

앞으로 발코니는 단순히 방과 거실의 한쪽 면적만 넓히는 개념이 아니라, 주방과 화장실 등 모든 아파트 실내 공간을 전면 재배치하는 개념으로 확대될 수 있다.

정부는 2005년 말 발코니를 불법적으로 터오던 관행을 전면 합법화한다고 발표했다. 부동산 시장에 큰 파장이 일었다. 우선 건설업체들의 모델하우스에선 발코니 확장형 모델이 등장했다. 아파트 단지마다 발코니 트기 공사가 봇물을 이뤘으며, 분양권 상태의 아파트에서조차 발코니 확장 공사가 다반사로 진행됐다.

이제 투자자 입장에서는 아파트를 고를 때 좀 더 세심한 주의가 필요해졌다. 층, 향 등 쾌적성 요건뿐만 아니라 발코니 면적까지 따져봐야 하는 탓이다.

32평형(전용면적 25.7평형) 아파트의 발코니를 튼다고 가정할 때 거실 발코니 폭이 1.5m라면 8평 안팎, 2m라면 10~11평 정도의 평형 확대 효과가 발생한다. 따라서 발코니를 확장할 경우 30평형 아파트를 40

평형처럼, 40평형 아파트를 50평형처럼 사용할 수 있다. 물론 확장 비용을 감안해야 하겠지만, 평당 분양가의 10분의 1도 안 되는 가격에 공사를 끝마칠 수 있다.

이와 관련, 기존 아파트를 고를 땐 발코니 폭이 2m인 아파트를 우선 눈여겨볼 필요가 있다. 발코니 폭이 2m인 아파트는 화단이 조성된 곳이다. 발코니 폭은 원칙적으로 1.5m이지만 화단을 설치하면 0.5m 연장이 허용돼 왔기 때문이다.

화단 덕분에 발코니 폭이 2m인 아파트의 경우 화단 철거비 10만여 원만 더 들이면 아파트 면적을 훨씬 넓게 사용할 수 있다.

발코니 확장을 전제로 하면 평면이 넓게 뽑힌 아파트가 절대 유리하다. 예를 들어 2베이(방-거실)보다는 3베이(방-거실-방) 또는 4베이(방-거실-방-방) 구조가 훨씬 낫다. 일반적으로 평형이 작을수록 베이 수가 적지만, 2베이 구조는 피하는 게 좋다. 2베이 구조에선 발코니 확장 면적이 최대 3~5평에 불과하다. 발코니 구조 변경으로 최대 수혜를 입을 수 있는 평형은 25~40평형이다. 아파트 평형이 이보다 작으면 확장 효과가 크지 않고, 이보다 넓으면 확장할 필요성이 줄어들기 때문이다.

앞으로 신규 아파트와 기존 아파트 간 격차도 더욱 벌어질 전망이다. 신규 아파트의 경우 신평면 적용으로 발코니 면적이 대폭 확장된 아파트가 쏟아질 것으로 보인다. 기왕 아파트를 장만하려면 신규로 분양을 받는 게 더욱 현명하다는 의미다.

신규 아파트를 분양받을 땐 평면을 좀 더 꼼꼼하게 따져볼 필요가 생겼다. 발코니 확장 면적이 얼마냐에 따라서 입주 후 투자 가치까지 달라지기 때문이다.

앞으로 발코니는 단순히 방과 거실의 한쪽 면적만 넓히는 개념이 아니라, 주방과 화장실 등 모든 아파트 실내 공간을 전면 재배치하는 개념으로 확대될 수 있다.

입주 전후 옵션 사항을 선택할 때도 마찬가지다. 발코니를 트면 기존 거실의 중간 창이 없어지기 때문에 안전성을 고려한 개폐 방식의 창호를 선택하는 게 좋다. 가정에 어린이가 있을 경우 추락을 방지하기 위해선 윗열기와 여닫이 개폐 방식이 유리하다. 최근에는 창호가 시스템화 돼 있기 때문에 핸들 하나로 여닫을 수도 있다. 상하·좌우 등 다양한 각도로 열거나 닫을 수 있어 도난과 침입 방지 효과도 뛰어난 편이다.

다만 내부와 외부의 완충 공간으로 외기의 온도를 떨어뜨리는 역할을 담당해 온 발코니가 없어질 경우 단열에 문제가 생길 수 있다는 점을 염두에 둬야 한다. 따라서 내부 열 손실을 막기 위해 열전도가 낮은 창호 재질을 선택하는 게 중요하다. 발코니 바닥 난방 공사를 하더라도 외부의 찬 공기가 직접 전달되기 때문에 냉기가 발생할 수 있어서다.

결과적으로 내부 온도 유지를 위해 전기 요금 부담이 커질 것으로 예상된다.

이중창을 선택하면 공간을 많이 차지하는 데다 무겁다는 단점이 있지만 가격이 저렴하다. 반면 시스템 창호는 고급스럽고 이중창의 단점을 보완해 줄 수 있지만 가격이 비싸다. 선택의 문제다.

외부 소음을 차단해 주는 복층 유리의 창호를 선택하는 것도 괜찮다.

다만 창틀과 창짝이 맞닿는 부위의 밀폐성, 유리 종류 등에 따라 외부 소음의 차단 정도가 다르다는 사실을 알아야 한다. 일반적으로 일반 창호의 차음도는 10~15dB인데 반해, 시스템 창호의 차음도는 37~40dB이다. 시스템 창호의 소음 차단 효과가 훨씬 뛰어나다.

발코니 확장 공사를 하면 거실 바닥이나 벽면에 곰팡이가 생길 수 있다. 따라서 기존 벽과 천정, 바닥 등에 단열 공사와 함께 단열성, 기밀성, 방음성, 내화성 등이 우수한 창호를 시공하는 게 좋다.

앞으로 발코니 확장이 대세로 굳어지면 확장한 아파트와 확장하지 않은 아파트 간 가격 차이가 더욱 두드러질 전망이다. 확장 비용을 추후 아파트 매수자에게 전가할 수 있는 방법도 있기 때문에 발코니 확장을 두려워할 필요는 없다.

Key Point

발코니 확장, 절세 요령

새 아파트의 발코니 확장 공사를 입주 후에 실시하면 절세할 수 있다. 행정자치부가 아파트 취득 이후 발코니를 트면 취득세를 따로 부과하지 않기로 했기 때문이다. 하지만 발코니가 확장된 아파트를 취득할 경우 발코니 확장 비용까지 포함된 아파트 취득가액에 대해 세금이 매겨진다.

각종 옵션이 포함된 고급 차량을 구입할 경우 자동차 가격에 따라 취득세를 내지만, 옵션 장착이 안된 차량을 구입한 뒤 각종 장치를 따로 장착하면 이에 대한 세금을 따로 내지 않는 것과 같은 이치다.

따라서 발코니를 확장하지 않은 아파트를 구입해 입주 후 공사하면 확장 비용만큼 취득세액을 절약할 수 있다. 다만 아파트 건설사가 한꺼번에 발코니 확장 공사를 실시할 경우 개별 공사 때보다 공사 비용이 적게 드는 것도 사실이다. 대량 공사에 따른 '규모의 경제' 때문이다. 각 확장 비용과 번거로움 등을 서로 비교해 볼 필요가 있다.

청약통장 가입하기

청약 저축 외 청약 예금과 청약 부금은 민영 아파트에 청약할 수 있는 상품이다. 청약 예금은 목돈을 한꺼번에 넣는 예금 상품이고, 청약 부금은 청약 저축처럼 매달 일정액씩 부어나가는 적금 상품이다.

무(無)주택자이든 유(有)주택자이든 주택 청약 통장 가입은 필수다. 청약 통장이 없으면 괜찮은 아파트 분양이 나와도 신청조차 할 수 없기 때문이다. 청약 통장이 필요없는 경우는 미분양 물량에 청약할 때뿐이다. 아파트가 미분양되는 이유는 일반적으로 입지·규모 등의 측면에서 매력이 떨어져서다. 다시 말해 투자 가치가 있는 아파트를 분양받기 위해선 청약 통장 하나쯤은 갖고 있어야 한다.

주택 청약 통장은 크게 세 가지로 구분된다. 청약 예금, 청약 부금, 청약 저축이 그것이다. 요즘 가장 인기를 끌고 있는 청약 통장은 단연 청약 저축이다. 노무현 정부가 들어선 후 무주택자와 서민에 대한 주택 공급을 대폭 늘리고 있어 청약 저축 통장의 쓰임새가 많아졌다. 무주택자라면 우선 청약 저축 가입을 적극 고려할 만하다.

청약 저축은 무주택 세대주만이 가입할 수 있는 특권이다. 20세 이상 통장을 개설할 수 있으며, 가입 후 24개월(2년)이 지나면 국민주택 기금 지원을 받아 건설되는 전용면적 25.7평 이하의 공공 또는 민영 아파트에 청약할 수 있다.

민간아파트보다 분양가가 10~20% 저렴하고 입지가 좋은 대한주택공사 아파트에 청약할 수 있는 것도 바로 이 청약 저축이다(다만 2006년부터 선보이는 주공 중대형 평형에 청약하기 위해선 청약 예금통장이 필요하다).

매달 2만~10만 원씩 적금 방식으로 부으면 된다. 연간 불입액의 40%까지 소득공제 혜택도 주어진다. 예를 들어 매달 10만 원씩 한 해 동안 120만 원을 부었다면, 소득공제액은 48만 원(1백 20만 원×40%)이 된다. 청약 1순위자에 한해 연 4.5%의 금리가 적용되고 있다. 가입한 지 2년 미만이면 연 3.5%의 금리가 적용된다. 이 금리는 정부 정책 결정에 따라 1년~2년에 한 번 정도 변동된다.

당첨 확률은 청약 저축 가입일이 빠르고 무주택 기간이 길며, 나이와 부양 가족 숫자가 많을수록 높아진다. 국민은행, 우리은행, 농협 등 세 군데 은행에서만 취급한다. 청약 예금에 가입했다 저축으로 갈아탈 수는 없지만, 저축에서 예금으로 바꾸는 것은 가능하다. 다만 예치 금액을 늘리면 1년이 경과해야 증액의 효력이 발생한다.

무주택자라면 청약 저축으로 유망 택지지구에 중소형 아파트를 마련한 다음 청약 예금 등에 재가입해 좀 더 넓은 평형으로 갈아타는 방법도 고려할 만하다.

정부는 8 · 31 대책에서 5년간 총 4,500만 평의 공공 택지를 공급하겠다는 계획을 내놨다. 종전보다 1,500만 평이 추가 공급되는 것으로, 수도권에서만 19만 가구의 새 아파트가 추가로 들어서게 되는 셈이다. 판교 신도시뿐만 아니라 광교 테크노밸리(옛 명칭 이의 신도시)나 송파 신도시 등 향후 개발되는 공공 택지 내에선 공영 개발 방식이 적용될 예정이기 때문에 청약 저축 가입자에겐 더욱 기회가 늘어나게 됐다.

특히 강북 광역 · 공공 개발 방침에 따른 강북권 재개발 사업 확대, 2012년까지 국민임대주택 100만 호 건설, 성남 도촌 · 의왕 청계 등 대한주택공사가 개발한 수도권 알짜 공공 택지에서 민간 아파트 대신 주공 아파트가 대거 들어서는 점 등도 청약 저축 가입자에겐 겹 호재다.

이 밖에 주공이 개발하는 공공 택지의 면적이 종전의 30만 평에서 60만 평으로 두 배 확대된 것도 청약 저축 통장의 인기를 가속화하고 있다.

청약 저축 외 청약 예금과 청약 부금은 민영 아파트에 청약할 수 있는 상품이다. 청약 예금은 목돈을 한꺼번에 넣는 예금 상품이고, 청약 부금은 청약 저축처럼 매달 일정액씩 부어나가는 적금 상품이다.

청약 예금은 민간 건설업체가 짓는 민영 주택 등 전용면적 25.7평 이상 중형 주택을 분양받을 수 있는 통장이다. 청약 대상 아파트의 규모에 따라 예치금이 달라진다. 거주 지역과 청약하는 아파트 평형에 따라 200만~1,500만 원의 목돈을 한꺼번에 넣은 다음 민간 아파트를 청약 통장 액수에 따라 청약하는 방식이다. 가입 후 2년이 지나면 증액이나 감액이 가능하다. 하지만 청약 저축이나 청약 부금으로 갈아탈 수는 없다. 가입자는 예치 금액에 따라 전용면적 25.7평을 넘는 민영 주택에 청약할 수 있다. 또 민간 건설사의 전용면적 25.7평 이하 중형 국민주택 청약도 가능하다.

가입액은 지역에 따라 다소 차이가 있다. 전용면적 25.7평 이하 평형의 경우 서울과 부산은 300만 원, 기타 광역시는 250만 원, 나머지 지역은 200만 원을 예치해야 한다. 전용면적 30.8평 초과 40.8평 이하의 경우, 서울과 부산은 1,000만 원, 기타 광역시 700만 원, 나머지 지역은 400만 원이 가입 금액이다. 40.8평을 넘는 대형 평형 아파트에 청약하려면 서울과 부산은 1,500만 원, 기타 광역시는 1,000만 원, 나머지 지역은 500만 원이 필요하다.

20세 이상의 개인(재외동포 및 외국인 포함) 또는 20세 미만의 세대원이 있는 세대주면 가입할 수 있다. 가입 기간이 1년씩 지날 때마다 자동으로 재예치되는 방식이다. 청약 저축·청약 부금처럼 가입 후 24개월이 지나면 1순위, 6개월이 지나면 2순위, 1개월이 지나면 3순위가 된다.

청약 부금은 매달 5~50만 원씩 납입하는 적금식 청약 상품이다. 가입 후 2년이 지나면 전용면적 25.7평 이하 민영주택 또는 18~25.7평의 민간 건설 중형 국민주택을 1순위로 청약할 수 있다.

서울 지역의 청약 1순위 가능 부금액은 300만 원이다. 주의할 점은 가입 후 한꺼번에 300만 원을 예치할 경우 1순위 자격을 얻지 못한다는 것이다. 매달 12만 5,000원씩 납입하거나 2년간 5~6번에 나눠 300만 원을 채워야 1순위 자격을 얻을 수 있다. 요즘엔 청약 부금의 인기가 갈수록 떨어지는 추세다.

현행 청약 제도로는 아파트 청약 통장을 한 번 사용하면 향후 5년간 1순위 자격을 다시 얻을 수 없다. 따라서 통장을 사용할 때는 신중해야 한다.

청약 예금을 갖고 있는 경기도 거주민이 서울로 거주지를 옮길 경우 서울 지역 청약 예금 예치 금액으로 증액할 필요는 없다. 전용면적 25.7평 이하 아파트를 분양받을 수 있는 청약 예금 예치 금액은 경기도가 200만 원, 서울이 300만 원으로 서로 다르지만 차액만큼 돈을 더 예치하지 않아도 청약 자격은 그대로 유지된다.

신청 평형 변경을 위한 예치 금액을 자유롭게 바꾸는 것도 제한된다. 한번 예치 금액을 변경하면 2년 동안은 이를 바꿀 수 없다.

동시에 두 아파트에 당첨이 됐다면 당첨 유효의 기준은 '당첨자 발표일'이다. 따라서 당첨자 발표일이 빠른 아파트만 당첨된 것이고, 나중의 아파트는 당첨 무효가 된다. 먼저 당첨된 아파트를 포기하더라도 나중에 당첨받은 아파트에 당첨된 것으로 간주되지 않는다는 점에 유의해야 한다.

지방 거주자의 경우 수도권 아파트 순위 내 청약 자격이 주어지지 않는다. 서울·인천·경기 등 수도권 내 거주자끼리는 상호 청약 신청이 가능하지만 수도권과 지방 간에는 순위 내 청약이 안 된다.

5년 후 분양 전환하는 임대아파트를 분양받을 경우 청약 통장 1순위 자격이 사라진다. 또 아파트에 당첨됐지만 동·호수가 마음에 들지 않아 계약을 포기할 경우에도 1순위 자격을 잃게 된다. 1순위 자격 제한은 계약 여부가 아니라 당첨 여부로 결정되기 때문이다.

2006년 2월 24일부터 공공 택지에 세워지는 모든 아파트에 원가연동제가 확대·적용됐다. 또 원가연동제 시행 이후 청약 과열과 투기 수요가 증가하는 것을 막기 위해 분양권 전매 제한 요건도 동시에 강화됐다.

평형별로는 공공 택지 내 전용 25.7평 이하 아파트의 경우 수도권 과밀 억제·성장 관리 권역은 계약 후 10년, 나머지 지역은 5년간 전매가 금지되며, 전용 25.7평을 넘는 중대형 평형은 과밀 억제·성장 관리 권역은 5년, 기타 지역은 3년간 전매가 금지됐다. 청약 통장 사용에 좀 더 신중을 기해야 하는 이유다.

이와 함께 청약 부금·예금통장이 장기적으로 통합될 예정이란 점을 알아둘 필요가 있다. 이 경우 통장 종류에 관계없이 가입 시점이 빠를수록 청약 기회가 늘어날 것으로 보인다. 청약 통장 가입은 빠를수록 좋다.

> ### Key Point
>
> **청약 저축 통장은**
>
> 청약 자격 : 20세 이상 무주택 세대주
> 가입 기간 : 24개월 지나면 1순위, 6개월 2순위, 1개월 3순위
> 청약 주택 : 국민주택 규모의 주공 분양 및 임대아파트, 민간 임대아파트
> 월 가입액 : 2만~10만 원
> 금리 : 1순위 자격 되면 연 4.5%
> 소득공제 : 연간 불입액의 40%(최대 48만 원)
>
> **청약 저축 통장의 효용성이 커지는 이유**
> - 2006년부터 5년간 수도권에서 4,500만 평 공공 택지 공급
> - 공영 개발 확대에 따라 공공 분양 및 임대아파트 급증
> - 강북 광역·공공 개발에 따라 강북권에서도 청약 가능
> - 2012년까지 국민임대주택 100만 호 건설
> - 주공 개발하는 공공 택지 규모 60만 평으로 확대
> - 주공 유망 택지에서 민간 아파트 대신 주공 아파트 분양
> - 생애최초 주택구입자금대출 등 무주택 금융 지원 개선

적립식 펀드로 목돈 만들기

적립식 펀드는 위험을 줄이면서도 장기적으로 안정적인 수익을 올릴 수 있는 유용한 투자 방법으로 손꼽힌다. 매달 정해진 날짜에 적금식으로 주식(또는 채권)을 매입, '코스트 애버리징(cost-averaging · 평균 매입 비용 절감)' 효과를 극대화할 수 있는 게 적립식 펀드다.

3~5년간 차곡차곡 돈을 적립해 목돈을 만들 계획이라면 적립식 펀드만 한 상품을 찾아보기 힘들다. 특히 요즘처럼 저금리 상황이라면 더 말할 나위가 없다. 시중 금리가 연 6% 이하라면 은행 적금 또는 예금 가입에 앞서 적립식 펀드 가입을 먼저 고려하는 게 순서다.

적립식 펀드의 비중은 나이가 젊을수록 전체 포트폴리오에서 적립식 펀드 등 수익 증권 비중을 높게, 적립식 펀드 중에선 공격 성향이 강한 주식형 비중을 높게 책정하는 게 좋다. 반대로 노후 대비 자금 마련 목적이라면 좀 더 안전한 정기 예금이나 채권 비중을 높게 잡으면 된다.

연 6%의 금리로 1,000만 원을 시중 은행에 맡긴다고 가정해 보자. 이 돈으로 1년 후 실제 손에 쥘 수 있는 이자는 **50만 7,600원**이다. 60만 원에서 이자소득세(주민세 포함) **15.4%**(9만 2,400원)를 떼야 하기 때문이다. 적립식 펀드의 경우 일반적으로 1년에 이보다 2~3배 높은 수익률을 올리는 게 목표다.

적립식 펀드는 위험을 줄이면서도 장기적으로 안정적인 수익을 올릴 수 있는 유용한 투자 방법으로 손꼽힌다. 매달 정해진 날짜에 적금식으로 주식(또는 채권)을 매입, '코스트 애버리징(cost-averaging · 평균 매입 비용 절감)' 효과를 극대화할 수 있는 게 적립식 펀드다.

즉 주가가 높을 때 적은 수량의 주식을 매입하고 주가가 낮을 때 많은 수량의 주식을 매입, 평균 매입 가격을 낮추는 원리다. 때문에 이 같은 방법으로 주식에 장기(최소 2~3년) 투자할 경우 은행 금리보다는 높은 수익을 안정적으로 올릴 수 있는 것으로 잘 알려져 있다.

그럼 적립식 펀드 가운데 어떤 상품을 골라야 할지 알아 보자. 적립식 펀드는 크게 주식형과 채권형으로 나눌 수 있다. 펀드에서 채권이 차지하는 비중이 높으면 상대적으로 보수적인 수익률을 추구하는 채권형, 주식 비중이 높으면 공격적인 주식형 펀드다.

향후 금리 상승을 예상하고 있다면, 주식형 펀드의 수익률이 나을 수 있다. 채권 수익률이 금리와 반대로 움직이는 탓이다. 특히 경기가 회복 기미를 보이면 주가 상승 호재가 되기 때문에 주식형 펀드의 수익률이 높게 나올 수 있다.

적립식 펀드에 가입할 때 매달 일정액을 적립하는 방식(적립식)과 한꺼번에 목돈을 넣는 방식(거치식)으로도 대별할 수 있다. 적립식은 은행 적금과 비슷하고, 거치식은 은행 예금과 흡사하다.

적립식 펀드는 장세가 급등락할 때 평균 매입 비용을 낮추는 효과가 뛰어나다. 따라서 거치식보다 적립식으로 붓는 게 적립식 펀드를 가장 효율적으로 활용하는 방법이다. 특히 우리나라와 같이 주식시장이 널뛰기 장세를 보이는 경우 매달 일정액을 적립하는 방식이 낫다.

적립형 적립식 펀드의 수익률은 주가가 'V자' 형태로 움직일 때 극대화될 수 있다. 주가가 가장 많이 떨어졌을 때 가장 많은 양의 주식을 매입하기 때문이다. 따라서 주가가 반등하면 큰 수익을 얻을 수 있다. 물론 주가가 계속 떨어져서 처음 수준을 회복하지 못할 경우 손실이 불가피하지만, 적립식 펀드 유입이 계속 늘고 있는 데다 향후 퇴직 연금까지 주식시장에 들어올 예정임을 감안하면 안정적인 수익이 가능할 것으로 기대된다.

한번에 목돈을 예치하는 거치식 적립식 펀드의 경우, 한번 매수한 주식을 계속 보유하는 경우가 많기 때문에 주가가 도중에 하락하지 않고 꾸준히 오르면 큰 수익을 기대할 수 있다.

하지만 거치식 적립식 펀드에 가입하느니, 개인이 직접 삼성전자와 같은 우량주를 골라 장기 투자하는 게 더 유리하지는 않은지 따져볼 일이다. 왜냐하면 개별 종목에 직접 투자할 경우 **2%** 안팎에 달하는 수수료를 절감할 수 있는 데다 연말 배당 수익까지 노릴 수 있기 때문이다.

일반적으로 주가가 상승 국면으로 접어들 때엔 거치식이, 조정기나 급등락 장세에선 적립식이 우월하지만 우리나라의 경우 적립식이 좀 더 유효하다고 볼 수 있다.

적립식 펀드의 가입액은 최소 매달 10만 원 정도다. 상한선은 없다. 대개 1년 이상 원하는 기간만큼 적립한 다음 매도 시점을 자유롭게 선택할 수 있다. 결혼자금, 자녀교육, 노후대비 등 비교적 장기 계획을 세울 때 유용한 상품이다. 적립식 펀드를 담보로 대출받을 수 있으며 세금 우대로도 가입할 수 있다.

적립식 펀드에 가입하려면, 증권사 객장이나 은행 창구의 수익 증권 담당 직원을 찾으면 된다. 은행 증권사 등은 판매 창구다. 펀드의 운용은 별도 자산운용회사가 맡고 있다. 따라서 적립식 펀드를 고를 때는 운용사를 잘 선택해야 한다. 그동안 비교적 안정적인 수익률을 올려왔거나 상대적으로 규모가 큰 회사 또는 펀드를 선택하는 게 좋다.

자산운용사의 수익률을 확인할 땐 단기 실적보다 최소 1년 이상 장기수익률을 확인할 필요가 있다. 자산운용협회 홈페이지(www.amak.or.kr) 등에서 쉽게 확인할 수 있다.

적립식 펀드는 수수료가 펀드마다 0.5~3%(적립액 대비)로 차이가 큰 만큼 사전에 확인할 필요가 있다. 선호하는 운용사에 전화하면, 어느 은행이나 증권사에서 자기 회사의 상품을 취급하는지 알려준다. 다만 적립식 펀드를 주거래 은행에서 가입하면 신용도가 높아지는 '부수입'도 챙길 수 있다.

신분증과 도장, 첫 적립금을 갖고 창구를 찾았다면 은행 펀드 전용계좌나 증권사의 증권 계좌를 개설하면 된다. 이때 판매 직원의 얘기만 듣지 말고 약관을 쉽게 요약한 투자 설명서까지 꼼꼼하게 살펴볼 필요가 있다. 투자 설명서에는 펀드의 운용 방침이나 환매 방법·수수료 등이 적혀 있다. 이 설명서 내용과 창구 직원의 얘기가 일치하는지도 따져 봐야 한다.

매달 언제 적립할 것인지 선택하는 것도 중요하다. 주가가 낮을 때 가입해야 이익이 극대화되는 구조이기 때문이다. 따라서 가입자가 가장 적은 날을 택하는 게 낫다. 가입자가 몰리는 날엔 운용사들이 상대적으로 많은 유통 물량을 매입해서 수익률에 악영향을 끼치게 된다.

예컨대 매달 하순(25일 전후)은 피하는 게 좋다. 적립식 펀드는 매달 정기 납입하는 구조이므로 자동 이체하는 게 편리하다. 자동 이체하지 않으면, 자칫 매입 시기를 놓쳐 주가 급등기에 소외될 수 있다.

추가 납입 제도를 활용하는 방안도 알아둘 필요가 있다. 대부분의 펀드가 중도에 더 많은 주식을 매입할 수 있도록 추가 납입을 허용하고 있다. 향후 주가 상승이 기대된다면 당분간 매달 적립액을 늘려 보는 것도 한 방법이다.

적립식 펀드는 3년 이상 장기 투자가 기본이지만, 투자 기간을 1년 단위로 갱신하는 방법을 활용하는 것도 괜찮다. 계약 기간 전 중도 환매해야 할 경우 환매 수수료 부담이 적지 않기 때문이다. 대부분의 펀드가 장기 투자자에게 수수료 할인 혜택을 주지 않고 있어 굳이 장기 펀드에 가입할 필요는 없다.

펀드에 가입할 땐 한 종류만 고집하는 것은 좋지 않다. 시장 방어적인 배당형 펀드와 주식 비중이 높은 성장형 펀드, 채권 위주의 채권형 펀드 등으로 나눠 투자하는 게 안정적인 수익을 낼 수 있는 길이다. 주가가 급등락을 거듭하는 우리나라에선 이들 펀드가 서로 보완해 주는 역할을 할 수 있다. 요즘엔 해외 자산에 분산 투자하는 적립식 펀드도 국내에 많이 소개돼 있다.

적립식 펀드의 수익률은 증권 계좌나 인터넷 뱅킹 등을 통해 수시로 확인할 수 있다. 물론 종이 통장에 찍히는 평가 금액을 통해서도 수익률 확인이 가능하다.

Key Point

적립식 펀드 가입 요령

- 은행·증권사보다 자산운용사 보고 선택하라
- 규모가 큰 자산운용사 또는 펀드가 유리하다
- 펀드 수수료 꼼꼼하게 확인해야 한다
- 매달 하순은 정기 납입 피해야 한다
- 추가 납입 제도 활용할 만하다
- 계약 기간 1년 단위로 갱신하라
- 주식형·채권형 등 포트폴리오 분산하라

적립식 펀드 이왕이면 매달 5일 납입

적립식 펀드에 가입할 때 이왕이면 매달 5일을 납입일로 정해야 할 듯 싶다. 대우증권은 2005년 1~9월 중 자사의 적립식 펀드에 자동 이체 방식으로 가입한 고객 4만 1,643명을 대상으로 월간 수익률을 분석한 결과, 이 같은 결론을 얻었다. 납입일을 5·10·15·20·25일 등으로 나눠 월간 수익률을 살펴본 결과, 1월부터 9월까지 모든 월에서 입금일을 5일로 정한 고객의 수익률이 다른 날짜에 입금하는 고객보다 높았다.

1월부터 9월까지 9개의 월간수익률에서 '5일 입금일' 고객들은 해당 월에서 가장 낮은 월간 수익률을 기록한 다른 고객들보다 많게는 3.25%포인트(6월), 적게는 1.33%포인트(2월) 수익률을 더 올렸다. 이는 주식 시장이 꾸준한 상승세를 나타낸 가운데 월말에 주식 투자 자금이 몰리면서 월초에 상대적으로 주가가 조정을 받은 경우가 많았기 때문으로 풀이된다.

은행 100% 활용하기

주거래 고객으로서 은행 대출 상품을 이용할 때 역시 다양한 혜택이 주어진다. 신용 대출뿐만 아니라 담보 대출을 받을 때도 대출 이자를 깎아 준다. 또 대출 실적 자체가 본인의 은행 기여 점수를 높여 주기 때문에 해당 은행에서의 신용 점수도 높아진다.

재테크의 기본은 금융이다. 재테크를 '돈 모으기→돈 불리기→돈 굴리기'의 과정으로 본다면, 바로 '돈 모으기'에 해당하는 게 금융이기 때문이다. 특히 가장 안전하게 목돈(종잣돈)을 모을 수 있는 방법으로 은행을 잘 활용할 필요가 있다. 하지만 의외로 은행을 100% 활용하지 못하는 사람들이 많다.

은행을 최대한 활용하기 위해서는 우선 주거래 고객이 될 필요가 있다. 은행들이 주거래 고객에 대해 각종 서비스와 혜택을 늘리고 있어서다. 주거래 고객이 되기 위해선 직장인이라면 월급을 해당 은행 통장으로 이체시키는 게 가장 **빠르다**. 전기료·가스료·통신 요금 등 각종 자동 이체 건수를 집중시키는 전략도 필요하다.

주거래 고객이 되면, 은행 예금 상품에 가입할 때 금리를 높게 받을 수 있다. 우량 고객에 대한 우대 금리 성격이다. 잘하면 각 지점장 전결 금리까지 보너스로 챙길 수 있다. 원화를 다른 통화로 환전할 때도 우대 받는다. 흔히 말하는 환전 수수료 절감 혜택(실제로는 환전 수수료란 개념은 없으며, 환율 우대를 말하는 것)이다.

자동화 기기나 창구를 통해 송금·이체 등을 할 때 각종 수수료를 절약할 수도 있다. 은행마다 주거래 고객에 대해선 수수료 할인 또는 면제 혜택을 부여하고 있기 때문이다.

주거래 고객으로서 은행 대출 상품을 이용할 때 역시 다양한 혜택이 주어진다. 신용 대출뿐만 아니라 담보 대출을 받을 때도 대출 이자를 깎아 준다. 또 대출 실적 자체가 본인의 은행 기여 점수를 높여 주기 때문에 해당 은행에서의 신용 점수도 높아진다.

똑같은 방법으로 신용카드도 전문계보다 은행계 신용카드를 사용하는 게 요령이다. 전문계 신용카드란 삼성카드나 현대카드처럼 은행 없이 카드 서비스만을 전문적으로 취급하는 회사의 카드를 말한다. 놀이공원 무료 입장이나 영화 티켓 할인 등 각종 부가서비스가 많은 대신 은행계 카드보다 수수료가 다소 높다. 또 은행계 카드를 사용할 때의 '거래 집중 효과'도 기대하기 어렵다.

은행계 신용카드는 주로 BC카드와 연계돼 있는데, 이를 많이 사용할수록 은행의 거래 신용 점수도 덩달아 높아진다. 또 은행계 신용카드는 현금 서비스 수수료율이나 연체 수수료율 면에서도 저렴한 편이다.

특히 주거래 은행에서 신용카드를 발급받되 한 개 카드만을 집중적으로 사용하는 게 좋다. 그래야 주거래 고객으로서 신용 점수가 높아지며 과소비를 줄일 수 있는 길이기도 하다.

　은행 예금 상품에 가입할 때는 닷컴통장을 최대한 활용할 필요가 있다. 닷컴통장이란 인터넷을 이용한 무통장 거래로, 은행들이 원가절감을 위해 인터넷 통장 사용을 적극 유도하고 있다. 고객 입장에서도 인터넷 통장 거래가 상당히 편리하다.

　은행 예금을 닷컴통장으로 가입하면, 일반적으로 금리를 0.5%포인트 안팎 높게 받을 수 있다. 또 30~50만 원 미만의 소액 예금에도 이자가 지급된다. 은행들이 일종의 캐시백 서비스인 고객 마일리지 제도를 도입, 닷컴통장을 많이 사용할수록 수수료를 할인 또는 면제해 주기도 한다.

　또 닷컴통장을 사용하면 최소 1년 전의 통장 거래 내역까지 인터넷을 통해 한눈에 조회할 수 있다. 종이 통장을 사용할 경우엔 조회 기간이 3개월 안팎으로 짧다. 닷컴통장은 종이 통장을 사용할 때 필연적으로 뒤따르는 보안 문제도 거의 없다. 전 세계적으로도 종이 통장을 사용하는 나라는 우리나라와 일본밖에 없다.

　은행 몇 곳에 예금을 분산 예치하고 있다면, 주거래 은행으로 집중하는 게 좋다. 앞서 말한 주거래 고객 제도 때문이다. 다만 예금액이 많다면 요즘 유행하고 있는 '프라이빗 뱅킹(PB,Private Banking)'의 문을 적극 두드려 볼 필요가 있다. 은행마다 3개월 예치금 평균 잔액이 5000~1억 원 이상이면 PB서비스를 제공하고 있다.

　일단 PB고객이 되면 은행들의 고객에 대한 시각이 확 달라진다. PB센터나 일반 지점의 PB고객 전담 창구(VIP룸, PB코너 등)에서 일을 한

가롭게 처리할 수 있다. 오랫동안 줄을 설 필요가 없어지는 것이다. 특히 자산 운용 전문가로부터 일대일 종합 자산 관리 컨설팅을 받을 수 있다. 세무·법률·부동산 투자 등이 망라된다. 이런 서비스는 모두 공짜다(외국에선 유료로 운영되고 있다).

직접적인 금전적 혜택도 적지 않다. 각종 수수료를 면제받을 수 있다. 예금과 대출 금리를 우대받는 것은 물론이다. 급전이 필요할 경우 대략 1억 원까지 무보증 신용 대출을 받을 수 있다. 은행들마다 PB고객에게 교양 강좌 및 헬스 케어·문화 공연·장례 지원 등의 서비스를 지원하기도 한다.

PB고객이 되면 은행의 최고 엘리트 직원들을 자신의 집사처럼 부릴 수 있는 특권이 주어지는 셈이다.

주택 담보 대출 '쇼핑' 하는 법

자기자본만으로 부동산 투자를 하는 사람은 드물다. 대부분 대출을 끼고 투자에 나선다. 이때 어떤 대출 상품을 선택하느냐에 따라 연간 내야 하는 이자를 적지 않게 아낄 수 있다. 1억 원을 대출받더라도 대출 종류에 따라 연간 이자가 수백만 원씩 차이 나기도 한다. 대출이 곧 또 다른 재테크가 되는 셈이다.

주택 담보 대출에서 가장 중요한 것은 역시 금리이다. 가능한 금리가 낮은 상품을 찾아야 한다. 그 다음은 금리 변동 여부다. 통상 변동 금리일 때보다 고정 금리일 때 금리가 높다. 기간 리스크 때문이다. 그래서 같은 이자를 적용할 경우 고정금리 상품이 훨씬 유리한 셈이다. 이 밖에 대출 기간, 대출 한도, 대출금 상환 방법, 근저당권설정비 부담 여부, 중도상환 수수료 본인 부담률 등을 꼼꼼하게 비교해 봐야 한다.

대출 상품 중 가장 먼저 살펴봐야 할 것은 (직장인이라면) 사내 대출 상품이다. 회사에서 저리로 담보 대출을 내주고 있다면 이것이 가장 저리 상품일 가능성이 높다.

사내 대출 제도가 없다면 근로자 서민 주택담보대출의 문을 두드려 보는 게 순서다. 대출 한도는 1억 원(3자녀 이상일 경우 1억 5,000만 원)이며, 부부합산 연소득이 2,000만 원 이하여야 한다. 무주택자가 전용면적 25.7평 이하의 중소형이면서 담보가격이 3억 원 이하인 주택을 매입할 때만 빌릴 수 있다. 현행 금리는 연 5.2%(3자녀 이상 가구는 4.7%) 수준이다. 정책금리이기 때문에 1년에 한 번 정도 금리가 변동한다. 하지만 서민들을 위한 지원 자금 성격이어서 시중은행의 대출금리보다는 항상 낮게 책정된다. 20년짜리 장기대출 상품이다. 1년 거치(이자만 내는 기간) 19년 원리금 분할상환 또는 3년 거치 17년 원리금 분할상환 중 선택할 수 있다. 연말 소득공제나 중도상환 수수료 면제 혜택을 받을 수 있다. 국민은행, 우리은행, 농협에서만 취급한다.

연소득이 3,000만 원을 넘는 무주택자로 과거에 집을 보유했던 경험이 있다면 주택금융공사 모기지론이나 시중 은행의 주택 담보 대출을 받는 방법밖에 없다. 두 상품 모두 근로자 서민 주택구입자금 대출보다 여러 면에서 불리한 편이다. 다만 금리가 점차 상승하는 추세란 점을 감안하면 모기지론이 시중 은행 변동금리부 주택 담보 대출보다 한 수 위다.

두 상품의 가장 큰 차이는 모기지론은 고정금리가 적용되는 반면, 주택 담보 대출은 거의 변동금리 상품이란 점이다. 고정금리인 모기지론은 2006년 초 현재 연 6.8%로 일반 은행들의 주택 담보 대출보다 이자율이 높지만, 향후 금리가 상승할 경우 역전될 가능성이 높다. 대출 기간도 모기지론은 10·15·20년으로 비교적 장기이지만, 시중 은행 변동금리부 주택 담보 대출은 1년부터 최장 35년까지 선택할 수 있다. 시중 은행 주택 담보 대출의 경우 3년 만기로 가장 많이 선택한다.

주택금융공사의 모기지론도 아무나 빌릴 수 있는 것은 아니다. 6억 원 이하의 주택을 구입할 때로 제한되며, 무주택자 또는 1주택자인 우리나라 국민만 빌릴 수 있다. 전 은행과 일부 보험 및 카드사에서 취급하고 있다. 자기 자금이 부족하지만 집을 서둘러 장만해야 할 사람들에겐 안성맞춤이다.

대출 금액은 모기지론이 최고 3억 원으로 생애최초대출이나 근로자서민 주택구입 자금 대출보다 한도가 높다. 시중 은행 주택 담보 대출의 경우 집값의 최고 60%까지 대출해 준다. 시중 은행의 대출 한도는 특히 투기 과열 지구 내 아파트의 3년 이하 대출에 대해선 집값의 50%까지, 투기지역 내 아파트의 10년 이하 대출에 대해선 40%까지만 인정한다.

두 상품 모두 일정 기간 내에 미리 갚으면 중도상환 수수료를 내야 하고(통상 5년 내 상환하면 대출액의 1~2%), 이자 상환액에 대해 소득공제를 받으려면 15년 이상 대출받아 국민주택규모 이하인 주택을 구입해야 한다.

모기지론의 경우 연소득 2,000만 원 이하 저소득층에 대해 금리를 0.5~1%포인트 깎아 주고 있다.

인생을 10년 단위로 쪼개라

인생을 10년 단위로 쪼개보자. 27세인 이 씨에게 10년 후까지 가장 필요한 계획은 결혼 자금 마련과 내 집 마련의 두 가지 목표일 것이다. 그 후 10년은 자녀 교육 자금 마련이나 사업 자금 마련이 될 수 있다.

많은 사람들이 젊을 때부터 재테크에 큰 관심을 갖고 있지만 정작 차근차근 노후를 준비하는 사람은 드물다. 단순히 은행 적금을 붓고 있거나 막연하게 '부동산을 사야지' 하고 고민하는 정도다.

한국경제신문이 40세 전후 직장인을 대상으로 노후 대비 실태를 조사해 봤더니 대부분의 사람들이 노후 자금으로 7~10억 원이 필요하다고 생각하고 있는 것으로 나타났다. 이는 삼성생명이 55세 이상 가구의 기초생활비(월 133만 원)를 토대로 산출한 노후 자금 4억 7,000만 원의 두 배 수준이지만, 그 정도는 가져야 품위를 유지하며 노후를 보낼 수 있다는 게 이들의 대체적인 생각이었다. 하지만 응답자 대부분이 목표치의 30%에도 못 미치는 자금을 확보하고 있었다. 노후 대비의 필요성에 대해선 절감하고 있었지만 준비된 사람은 드물었다.

　노후 대비 전망도 그다지 밝은 편이 아니다. 자녀 교육이나 내 집 마련 때문에 노후를 준비하기가 점점 힘들어질 뿐만 아니라 요즘엔 정년까지 자리를 유지하는 것도 쉬운 문제가 아니다.

　노후를 국민연금에만 의존할 수도 없다. 국민연금이 언제 바닥날 지 알 수 없는 일인데다, 점차 더 많은 보험료를 부담하다가 노후엔 더 적은 연금을 탈 수밖에 없는 게 엄연한 현실이다. 부족한 노후 자금을 마련하기 위해선 별도의 재테크 노력이 필요하다는 의미다. 이런 점에서 노후를 '여유 있고 행복하게 보내기 위한' 재테크 설계는 빠를수록 좋다.

　자, 이제 자신을 냉정하게 되돌아볼 시간이다. 이제 막 직장을 잡은 신입 사원 이수행 씨(27세)를 예로 들어 보자. 이 씨가 노후 대비 재테크에 착수하려면 먼저 첫 단추를 잘 끼워야 한다. 현재 나이가 27세이고 앞으로 55세에 은퇴한다고 가정해 보자.

　통계청의 2003년 생명표 작성 결과에 따르면 우리나라 여성의 평균 수명은 80.8살, 남성은 73.9살이다. 10년 전보다 여성은 4.0살, 남성은 5.1살이 각각 늘었다. 남녀 평균 수명은 77.5살로 4.7살이 증가했다.

　하지만 의학 기술 발전이 가파른 상승곡선을 그리고 있다는 점을 감안하면, 이 씨의 노년에는 평균 수명이 지금보다 훨씬 늘어날 것으로 전망된다. 지금보다 50년 후의 미래엔 평균 수명이 100세 안팎이 될 것으로 추정해 볼 수 있다.

　그렇다면 이 씨는 앞으로 은퇴 직전인 55세까지 28년 동안 돈을 벌거나 혹은 재테크를 통해 은퇴 이후 45년 동안을 먹고 살아야 한다는 결론이 나온다. 이 씨는 물론 은퇴 이후 기본적인 의식주 생활만 하는 것을 원하지는 않을 것이다. 직장에 다닐 때의 최소 70~80% 수준의 품위를 유지하고 싶어 한다. 이렇게 따져 보면 기가 막힐 노릇이다. 28년 동안 벌어서 45년 동안 먹고 살아야 하다니…….

하지만 상황은 그다지 낙관적이지만은 않다. 앞서 말했듯 국민연금은 노후를 보장해 주지 못한다. 이 씨가 은퇴할 땐 국민연금만으로는 기초 생활도 유지하기 어려울 가능성이 높다. 결국 스스로 준비해야 한다는 얘기다.

따라서 좀 더 과학적이고 체계적인 재테크 플랜이 필요하다. 이 씨가 55세에 은퇴할 당시 필요한 노후 자금은 대략 10억 원(현재 가치)이다. 이 돈의 상당 부분을 퇴직금으로 마련하려는 생각은 애시당초 버리는 게 좋다. 우리나라 직장 문화에 연봉제가 도입되면서 퇴직금은 이미 사라질 위기다.

이 씨에게 가장 필요한 것은 장기 재무 설계다. 우선 인생을 10년 단위로 쪼개보자. 27세인 이 씨에게 10년 후까지 가장 필요한 계획은 결혼 자금 마련과 내 집 마련의 두 가지 목표일 것이다. 그 후 10년은 자녀 교육 자금 마련이나 사업 자금 마련이 될 수 있다. 사람마다 각자 계획하고 있는 목표가 다르기 때문에 상황에 따라 재무 설계가 다르게 이뤄져야 하는 것은 물론이다.

그런 다음 개별적인 10년 단위 재무 설계에 따라 재테크 투자 방법을 세밀하게 짤 필요가 있다. 이 씨가 만약 30세 결혼, 35세 내 집 마련이란 초기 10년 목표를 세웠다고 가정하자. 우선 30세까지 3년 동안 결혼 자금 마련이 재테크의 1차 목표다. 35세까지 8년 동안 내 집 마련 목돈을 장만하는 것이 2차 목표다.

이 경우 1차 목표(결혼 자금 마련)를 위해 3년 동안 목돈을 모으기 가장 쉬운 상품에 월급의 상당 부분을 투입할 필요가 있다. 만약 이 씨의 월급이 200만 원이라면, 3년짜리 적립식 펀드에 월 50~100만 원 불입하는 방법이 있다. 요즘엔 3년 정도에 걸쳐 목돈을 마련하는 데 가장 적합한 상품이 적립식 펀드이기 때문이다.

이 씨가 젊다는 점을 감안, 주식 비중이 높은 공격형 주식형 펀드를 위주로 적립식 펀드를 구성하되, 상황에 따라 펀드 비중을 조절할 수 있도록 한다.

이와 함께 2차 목표(내 집 마련)를 위해 장기주택마련저축 상품에 2개 이상 가입한다. 장기주택마련저축은 7년 이상 장기로 가입할 때 비과세 혜택이 주어지는 유일한 비과세 금융 상품이다. 이 장기주택마련저축은 매달 1만 원 이상씩만 불입하면 되기 때문에, 이 씨의 경우 결혼자금 마련 때까지 매달 1만 원씩 납입하고 30세 결혼 후 매달 50~100만 원 정도로 불입액을 늘리는 방식으로 포트폴리오를 조정한다. 30세부터 35세까지 장기주택마련저축을 집중적으로 불입하면 일반 예금 상품보다 훨씬 큰 수익을 기대할 수 있다. 35세에 장기주택마련저축으로 목돈을 타면 이 종잣돈을 바탕으로 내 집 마련에 나설 수 있다. 물론 집을 장만하는 데 부족한 돈은 은행 대출을 적절히 활용한다.

여기서 장기주택마련저축 가입의 중요성을 다시 한 번 설명할 필요가 있다. 이 상품은 7년 이상 불입한 사람에 한해 이자소득세(15.4%)가

완전 비과세되며 예금 금리도 일반 상품보다 1%포인트 안팎 더 높다. 초장기 적금 상품이기 때문이다.

18세 이상 가구주로 무주택자나 전용면적 25.7평 이하 1주택 소유자만 가입할 수 있다. 특히 2006년부터는 전용면적 25.7평 이하의 소유자라도 주택 공시 가격이 2억 원 이하여야 가입이 가능하다. 근로자가 장기주택마련저축에 가입할 경우 연간 불입액의 40% 내에서 최고 300만 원까지 소득공제 혜택까지 받을 수 있다. 예컨대 과세표준 세율이 18.7%(주민세 포함)인 연봉 4,000만 원 근로자가 매달 50만 원씩 1년간 600만 원을 장기주택마련저축에 불입했다면, 240만 원의 소득공제를 받아 44만 9,000원의 세금을 연말정산 때 돌려받는다. 장기주택마련저축은 분기당 최고 300만 원까지 자유롭게 불입할 수 있다.

장기주택마련저축을 두 개 이상 가입할 것을 권하는 이유는, 바로 '갈아타기' 전략 때문이다. 7년 이상 불입해야 비과세되기 때문에(보통 3년 이상 불입할 경우 약정 금리를 다 받을 수 있지만, 이 경우 비과세 혜택은 주어지지 않는다) 중도에 목돈이 필요해 자칫 해약해야 할 수도 있다. 이 때를 대비해 미리 복수로 가입해 두라는 얘기다. 또 매달 1만 원만 불입하고 있다가 5년째, 혹은 6년째부터 매달 100만 원 정도씩 불입액을 늘리면 아주 효율적인 2~3년짜리 적금 상품으로 활용할 수도 있다. 금리도 다른 상품보다 높으면서 비과세 혜택을 그대로 누릴 수 있어서다. 짧은 적금 상품으로 활용한 후 목돈을 타고 나면 다른 장기주택마련저축으로 갈아타기 할 수 있다. 장기주택마련저축은 7년이 넘어도 계속 가입할 수 있기 때문에 원할 경우 초장기로 운용할 수도 있다. 또 은행 저축뿐만 아니라 펀드로도 가입이 가능하다. 각 증권사마다 판매하고 있는 장기주택마련펀드가 바로 그것이다. 다만 복수로 가입할 때는 모든 장기주택마련저축 통장의 통합 한도(분기당 300만 원)를 지켜야 한다는 점에 유의할 필요가 있다. 이 상품은 2006년까지만 한시 판매될 예정이지만, 정부 정책 결정에 따라 판매가 연장될 수도 있다.

이 씨가 향후 10년간의 재무 설계를 어느 정도 끝냈다면, 다음 10~20년 단위 생애 설계로 넘어갈 차례다. 초장기 재테크에 적합한 상품은 개인 연금 상품이다. 개인 연금에 대해선 다음 장에서 자세하게 다루기로 하자.

이 씨는 이런 식으로 생애 재무 설계를 시도할 수 있다. 이때 중요한 것은 이 씨가 현재 얼마의 돈을 갖고 있는지(주택 임대 보증금 등 자산), 앞으로 갚아야 할 돈은 얼마나 되는지(부채), 매달 얼마를 벌고 있으며 앞으로 얼마를 더 벌 수 있을지(수입), 어떤 소비 성향을 갖고 있으며 고정적으로 지출하는 것은 무엇인지(지출) 등을 객관적으로 따져 봐야 한다는 것이다. 만약 총자산에서 부채가 차지하는 비중이 절반을 넘는다면 부채 상환에 중점을 둬야 한다.

이 씨와 같이 젊을 때는 월급의 최소 40~50%를 무조건 저축한다는 생각을 갖고 있는 게 중요하다. 그래야 이 씨가 희망하는 종잣돈 마련 시기를 앞당길 수 있다.

예를 들어 이 씨가 매달 10만 원씩 투자를 시작해 매년 10%씩 투자 금액을 늘린다고 가정하자.

연 수익률을 11%로 잡을 때 첫 10년 불어난 액수는 3,000여만 원에 불과하다. 하지만 이후 30년에서 40년까지 10년간 불어날 액수는 무려 20억 원에 달한다. 재테크 시작부터 30년까지 벌어들인 돈은 총 누적 금액의 단지 25%만 차지할 뿐이다. 결국 마지막 25%(40년 중 마지막 10년)의 기간에 75%(총 누적금 27억 원 중 20여억 원)를 벌어들이는 셈이다. 단위가 커질수록 돈의 자기 복제 능력이 기하급수적으로 늘어나기 때문이다. 소위 돈이 돈을 낳는 원리다.

생애 재무 설계에 있어 가장 중요한 것 중의 하나는 바로 정기적인 점검이다. 금융 시장이 바뀌고 있을 뿐만 아니라 재무 목표가 변경될 수 있고 주변 여건이나 수입원이 변화될 수도 있기 때문이다. 환경 변화에 따라 투자 대상 등 포트폴리오를 적절하게 조정하는 지혜가 필요하다.

Key Point

행복한 노후 설계를 위한 8계명

01. 은퇴 전 30년간 은퇴 후 30년을 준비한다.
02. 노후생활비 중 30~35%를 의료비로 책정한다.
03. 은퇴가 가까워질수록 보수적으로 투자한다.
04. 주택 수요는 급감하니 부동산에 '올인' 말라.
05. 자녀에게 모든 것을 기대하지 말라.
06. 은퇴 후 즐길 수 있는 소일거리를 만들라.
07. 노후 필요 자금을 냉정하게 산출하라.
08. 전문적인 투자 포트폴리오를 반드시 구성하라.

(자료: PCA생명)

연금 상품으로 행복한 노후 준비하기

연금 상품에 가입할 땐 하루라도 빨리 서둘러야 한다. 일찍 가입할수록 더 많은 혜택이 주어지기 때문이다. 그리고 연금 상품을 반드시 한 가지만 선택할 필요는 없다. 오히려 연금도 일반 투자상품처럼 포트폴리오를 다양하게 구성하는 게 유리하다.

노후 대비의 첫 걸음은 개인 연금(사적 연금) 가입이다. 국민연금과 같은 공적 연금만으로는 노후 대비가 충분치 않기 때문이다.

국민연금관리공단에 따르면, 60세까지 일한 후 중산층이 여유롭게 지내기 위해선 월 198만 원이 필요한 것으로 조사됐다. 2005년 물가 수준을 기준으로 그렇다는 얘기다. 여기에 해외 여행이나 골프 등을 즐기며 상류층의 생활을 꿈꾸려면 월 372만 원은 있어야 한다. 월급이 400만 원인 40대 국민연금 가입자가 노후에 월 120만 원 정도 받을 수 있다는 점을 감안하면 나머지를 노후 자금으로 마련해야 한다. 상당 부분 개인 연금에 의존할 수밖에 없다. 따라서 개인연금 가입은 빠를수록 좋다.

개인 연금은 세금 혜택 여부에 따라 세제 적격과 비세제 적격 상품으로 구분할 수 있다. 세제 적격 연금 상품은 근로소득이 있는 직장인이 소득공제 혜택을 받으면서 노후를 대비할 수 있는 상품이다. 연금 상품에 한 번도 가입하지 않은 직장인이라면, 우선 세제 적격 연금 상품에 가입하는 게 유리하다.

지난 2001년 없어진 개인 연금 저축의 경우 소득공제 혜택(연간 72만 원 한도)과 이자 소득에 대한 비과세 혜택이 동시에 주어졌지만, 현재 금융권에서 시판하고 있는 연금 상품은 비과세 혜택은 없는 연금 상품이다.

대신 연간 240만 원까지 소득공제를 받을 수 있다. 소득공제 혜택을 받기 위해선 연금 저축 납입 기간이 10년 이상이어야 하고 만 55세 이후부터 연금 형식으로 받아야 하는 조건을 충족해야 한다. 여러 금융회사에 중복 가입할 수 있으며 총액이 분기당 300만 원(연 1,200만 원)을 넘지 않아야 한다. 소득공제 한도가 연간 240만 원이니, 월납 기준으로 20만 원씩이다.

만약 종합소득세율이 18.7%(과세표준 1,000~4,000만 원)인 직장인이 연금 저축에 가입해 매달 20만 원씩 납입하면 연간 44만 8,800원(240만 원×18.7%)의 세금을 연말정산을 통해 환급받을 수 있다. 세제 적격 연금 상품은 소득공제 혜택을 감안한 단순 수익률이 연 20% 이상인 금융 상품인 셈이다. 연금 상품은 판매 회사에 따라 종류(명칭)가 다르다. 은행에서는 연금 저축(또는 연금 신탁)을, 보험회사에서는 연금 보험을, 증권회사(투신사)에서는 연금 투자 신탁(또는 연금 펀드)을 각각 중점적으로 취급한다. 다만 방카슈랑스 도입으로 은행에서도 연금 보험 상품을 많이 판매하고 있으며, 증권회사 역시 연금 신탁 상품을 많이 다루고 있다.

연금 상품 가운데 연금 신탁은 운용 실적에 따라 원리금이 결정되는 실적 배당형 상품이다. 다만 연금 상품은 안정성이 첫째이기 때문에 대개 대출·국공채·회사채 등 비교적 안전 자산에 투자하는 비중이 높은 편이다. 주식 및 주식 파생 상품에 10% 이내에서 투자하는 안정형과 국공채와 유가증권에 모두 투자하는 채권형으로 나눌 수 있다.

연금 신탁의 경우 많은 상품들이 짭짤한 배당 수익까지 챙길 수 있도록 설계하고 있다. 다만 중도해약하면 가산세를 물어야 한다. 가산세를 내더라도 중도에 해약을 할 수밖에 없다면, 보험보다 훨씬 원금에 가까운 돈을 찾을 수 있다는 게 장점이다.

보험회사에서 판매하는 연금 보험 역시 운용 수익에 따라 금리가 결정되지만, 대개 연 2% 수준의 최저 보장 금리가 지급된다. 하지만 보험성은 약한 편이다. 대개 피보험자가 사망할 때도 사망 보험금이 **500~1,000만 원** 정도밖에 지급되지 않는다. 연금 보험은 **10년** 이상 장기간 가입했을 때 복리 효과가 나타난다. 사망할 때까지 가장 안정적인 연금 형태를 유지할 수 있는 게 장점이다.

연금 상품은 가입자가 만 55세 이후 최소 5년 이상 연금으로 수령하는 게 기본 원칙이다. 연금 보험의 경우 죽을 때까지 지급을 보장받을 수 있는 상품이 많지만, 연금 신탁은 5~20년까지 연금 지급 기한을 미리 설정하는 구조다. 연금 지급 주기는 매월·3개월·6개월·1년 단위로 선택할 수 있다. 연금을 탈 때는 5.5%의 연금소득세를 원천징수당한다. 하지만 이는 일반 은행 예적금 상품의 이자소득세(15.4%)에 비하면 훨씬 낮은 편이다.

퇴직금과 퇴직 연금제 비교

	퇴직금	확정 급여형 퇴직 연금	확정 기여형 퇴직 연금
수령 방법	일시금	연금 또는 일시금	연금 또는 일시금
적립 원금	1년당 30일분의 평균 임금 이상	1년당 30일분의 평균 임금 이상	연간 임금 총액의 12분의 1 이상 (근로자 추가 각출도 가능)
적립 방식	사내 적립 또는 사외 적립	적립 원금 중 최소 60%를 사외 적립	적립 원금 100%를 사외 적립
적립금 운용 지시	사외 적립금에 한해 금융회사	사용자	근로자
사용자의 책임	일시금 지급으로 종료	사전에 정한 연금 수준에 맞게 운용 지시를 해야 함	근로자 재직 중 적립금 납부로 종료
근로자 중동 인출	불가 (퇴직금 중간 정산은 가능)	불가	주택 구입, 6개월 이상 요양 등 특수한 경우 가능
근로자 개별 계좌	없음(회사별 통합 관리)	없음(회사별 통합 관리)	사실상 있음

 연금 상품을 10년 동안 불입하지 못하고 중도 해지할 경우, 불이익이 크다는 점을 유의해야 한다. 가입 후 5년 이내 해지하고 일시금을 받아갈 경우 이자에 대해 20%의 세금(기타소득세)을 부과 받을 뿐만 아니라 해지가산세로 납입 원금의 2.2%를 물어야 한다. 5년이 경과하고 10년이 지나지 않는 시점에서 중도 해지하면 20%의 기타 소득세를 부담해야 한다.

 연금 저축에 너무 많은 돈을 불입했다간 오히려 중도 해지할 가능성이 높아지기 때문에 손해를 볼 수도 있다. 따라서 젊을 때는 가급적 소득공제를 받을 수 있는 240만 원 한도 내에서 가입하는 게 바람직하다. 그러다 점차 연금액을 늘려나가는 방법을 추천할 만하다.

 또 다른 종류로 종신 연금과 변액 연금이 있다. 종신 보험은 사망 등에 대한 보장성은 좋지만 노후 자금 설계에 대한 부분이 부족한 편이다. 이를 보완한 것이 변액 보험이다. 보험료의 일부를 채권·주식 등에 투자해 나중에 받게 될 사망 보험금이나 만기 환급금이 원금보다 늘어나도록 설계됐다.

최근 들어 변액 보험에 유니버셜 기능을 덧붙인 변액 유니버셜 보험이 인기다. 월 보험료를 총액의 한도에서 개인 사정에 따라 늘리거나 줄일 수 있는 기능을 추가했다. 다만 이 상품 역시 투자 상품이기 때문이 투자 손실 리스크가 존재한다. 특히 연금 보험의 경우 죽을 때까지 연금을 지급받을 수 있다는 게 다른 연금 상품과 다른 점이다.

연금 상품에 가입할 땐 하루라도 빨리 서둘러야 한다. 일찍 가입할수록 더 많은 혜택이 주어지기 때문이다. 일례로 60세에 은퇴한다고 가정한 사람이 연 5%의 투자수익률을 기대하고 있다면, 노후 자금 3억 원을 추가로 만들기 위해선 30세에 시작할 경우 연간 451만 원 정도씩 저축하면 되지만, 35세에 저축을 시작하면 연 628만 원씩이 필요하다.

연금 상품을 반드시 한 가지만 선택할 필요는 없다. 오히려 연금도 일반 투자상품처럼 포트폴리오를 다양하게 구성하는 게 유리하다. 즉 연금 신탁 2~3개, 연금 보험 1개 이런 식으로 가입하는 방식이다.

연금 신탁은 최저 가입액이 1만 원이기 때문에 두 개를 가입, 한 개엔 매달 1만 원씩 불입하고 다른 한 개엔 19만 원씩 넣어 소득공제 혜택을 받는 방법을 고려해 볼 만하다. 이와 함께 소득공제 혜택이 없는 비적격 배당(또는 무배당) 연금 보험에 가입, 노후 대비와 보험 보장 기능까지 추가하는 것도 좋은 전략이다. 연금 보험의 경우 최저 가입액이 보통 월 5만 원이다.

Key Point

퇴직 연금이란

지난 2005년 12월 근로자퇴직급여보장법에 따라 퇴직 연금 제도가 시행됐다. 기업체가 가입하는 단체 보험이긴 하지만 근로자들의 노후 소득 보장과 직결된 상품이다. 퇴직 연금제란 현재 퇴직 시 일시금으로 받는 퇴직금을 퇴직 후 일정 연령(55세)에 달한 때부터 연금으로 받을 수 있도록 만든 제도다. 물론 근로자 본인이 원할 경우엔 퇴직 때 일시금 수령도 가능하다.

퇴직 연금은 운용 책임을 누가 지느냐에 따라 DB형(Defined Benefit)과 DC형(Defined Contribution)으로 나뉜다.

사업주가 운용 책임을 지는 DB형은 퇴직 시 근로자가 받을 연금 급여(산정 방식)가 사전에 확정되고 사용자가 부담(적립)할 금액이 적립금 운용 결과에 따라 변동될 수 있는 제도다.

하지만 매년 발생하는 퇴직금 충당금의 60% 이상을 사업주가 사외 금융회사에 납입해야 한다. 수익이 높아질수록 사업주의 퇴직금 적립 부담은 줄어드는 구조다. 최종 퇴직 연금 수령액 규모가 임금 인상률에 따라 좌우되는 특성이 있다.

반면 DC형은 사용자의 부담금이 사전에 확정되고 근로자가 받을 퇴직 급여는 적립금 운용 실적에 따라 변동될 수 있는 연금 제도다. 다시 말해 사용자가 연간 임금 총액의 12분의 1(8.3%) 이상을 노사가 퇴직 연금 규약에서 정한 금융회사의 근로자 개인 계좌에 적립하면 근로자는 금융회사가 제시하는 운용 방법을 선택해 적립금을 운용(투자)하는 것이다. 전액 퇴직 충당금으로 사외 금융회사에서 설정한 근로자 개인 계좌에 넣어주는 것으로 사업주의 의무는 끝나게 된다. 이후 모든 운용 책임은 근로자 몫이다.

근로자 입장에서 보면, DB형은 자신이 직접 운용을 책임질 필요가 없으므로 편리하지만, 의무 적립액이 전체의 60%에 불과하기 때문에 회사가 파산할 경우 40%는 받지 못할 수 있다.

반대로 DC형을 선택하면 회사가 파산하더라도 그동안 적립된 원금을 100% 받을 수 있을 뿐만 아니라, 효과적인 투자를 통해 원금을 크게 불린다면 기대 이상의 퇴직 연금을 받을 수 있다. 하지만 DC형의 경우 개인에게 운용 책임이 있다는 점이 다르다.

따라서 일반적으로 회사가 파산할 위험이 적고 경영이 안정된 대기업 종사자라면 DB형이 유리하다. 회사의 경영 상태가 불안정한 중소기업 종사자나 대기업이라도 이직이 잦은 직종일 경우 DC형이 낫다. 또 안정적인 대기업 종사자라도 공격적으로 포트폴리오를 운용하고 자신의 급여 중 일부를 더 투자해 세제 혜택까지 받고자 하는 사람이라면 DC형 가입을 적극 고려해 볼 만하다.

임금 상승률도 최종 연금 수령액에 영향을 미치는데, 연평균 임금 상승률이 연금의 평균 투자수익률을 상회하는 기업이라면 DB형이 유리하지만 임금 상승률이 투자수익률보다 낮다면 DC형이 유리할 수 있다.

1

#03

부자들의 수익형 **부동산 투자법을** 훔쳐라

개별형 펜션 | 해외 부동산 | 주말 농장 | 오피스텔 | 농가 주택 | 부동산 펀드 | 상가 주택 |
전원 주택 | 단지 내 상가 | 고급 빌라

개별형 펜션

개별형 펜션은 본인이 직접 거주하며 운영해야 하므로 은퇴 후 전원으로 내려가는 꿈을 갖고 있는 사람들에게 알맞다. 다만 펜션 관리를 위해선 어느 정도의 노동은 각오해야 한다.

노재복 씨(49)는 지난 2005년 초 경기도 가평 지역에서 3개 객실(각 12평)을 갖춘 펜션을 개장했다. 노 씨가 펜션 사업을 위해 투자한 비용은 총 2억 7,500만 원이었다. 펜션을 지을 부지 500평을 평당 20만 원씩 1억 원을 주고 매입했고, 펜션 시공비로 1억 4,000만 원을 더 썼다. 여기에다 냉장고, 주방용품 등 객실 비품비 2,000만 원, 조경비 1,000만 원, 인허가 비용 500만 원 등이 추가됐다.

노 씨가 요즘 매달 펜션 사업으로 벌어들이고 있는 수익은 약 350만 원이다. 이 중 각종 공과금과 예약 대행업체에 지불하고 있는 수수료 등 110만 원을 제외하면 순수익은 240만 원 정도다. 이를 연간 수익률로 환산하면, 총 2,880만 원으로 투자비 대비 연간 수익률은 9.55%에 달한다. 저금리 상황임을 감안하면 상당히 괜찮은 수익률이다.

전원 생활을 꿈꾸는 사람들이 많지만 가장 큰 벽은 바로 '고정 수입'이다. 시골에 내려가면 마땅히 할 일을 찾기 힘든 탓이다. 과거에는 주로 도로변에 음식점을 차렸지만, 손이 너무 많이 가기 때문에 전원 생활의 의미가 퇴색해 버리기 일쑤다. 호젓한 전원 생활을 꿈꾸다가 음식점 일이 바빠지면서 중노동을 호소하는 사람들이 의외로 많다.

노 씨의 경우처럼 펜션 운영은 전원 생활을 하면서 수익을 올릴 수 있는 좋은 아이템이다. 특히 1~2동짜리 개별형 펜션은 자연 속에서 여유로운 삶을 즐기며 생활 비용까지 충당하려는 사람들에게 적당하다. 본인이 직접 펜션에 거주하면서 운영·관리하기 때문에 손님들과 인간적인 교류도 할 수 있다. 펜션 운영을 통해 발생하는 객실 수입도 본인이 모두 챙길 수 있다. 하지만 객실이 한정돼 있고 부대시설이 다양하지 못하기 때문에 단체 손님이나 2박 3일 여행 등 다양한 여행객의 욕구를 충족시키는 데 한계가 있다. 예약 관리와 홍보·마케팅도 쉽지 않다.

개별형 펜션은 본인이 직접 거주하며 운영해야 하므로 은퇴 후 전원으로 내려가는 꿈을 갖고 있는 사람들에게 알맞다. 다만 펜션 관리를 위해선 어느 정도의 노동은 각오해야 한다. 본인이 부지 선정에서부터 인·허가, 건축, 인테리어까지 모두 책임져야 한다. 다만 최근에는 이같은 과정을 상담 또는 대행해 주는 컨설팅 업체들이 있기 때문에 이를 적극 활용할 만하다.

요즘에는 대부분의 펜션 예약이 인터넷을 통해 이뤄진다. 펜션을 다지은 후 인터넷 예약 환경을 갖추는 것이 필수다. 직접 웹사이트를 구축할 수 없을 경우 인터넷 예약 대행업체를 통하는 것도 한 방법이다.

펜션 투자는 입지 선정, 설계 및 시공, 홍보·마케팅 등 3박자의 아귀가 맞아야 수익성을 극대화할 수 있다. 입지 여건은 관광지 주변의 조용하고 경치 좋은 곳을 골라야 한다. 특히 여름 및 겨울 성수기에 성패가 좌우되기 때문에 성수기를 공략할 수 있는 주변 여건이 갖춰져 있는지 먼저 살펴야 한다. 대규모 축사나 공장 등 혐오 시설이 없는지, 전기나 수도 등 기반 시설 이용이 가능한지도 꼭 확인해야 할 부분이다.

준농림지나 자연녹지의 경우 건축 인허가 여부를 따져보고 도로와의 접근성도 점검해야 한다. 지역 주민과 마찰이 없는 위치를 선택하는 것도 고려할 요소다.

설계 및 시공은 방음과 사생활 보호 등 기능성을 고려해 통나무나 황토 등 자연 친화적인 소재를 사용하는 게 좋다.

좀 더 여윳돈이 있다면 고급 펜션 운영도 생각할 수 있다. 요즘엔 하룻밤 숙박비로 50~100만 원씩 쓸 수 있는 고급 수요층도 늘고 있기 때문이다. 평당 건축비가 일반 펜션보다 2~3배 높은 600~900만 원에 달하지만, 1~2개 동만으로도 수익성이 충분하다. 상대적으로 손도 덜 가는 편이다. 경기 가평군 대성리의 보르도펜션과 양평군 목왕리의 보보스펜션, 파주군 마장리의 화이트밸리, 강원 평창군 면온리의 휘겔하임 등이 대표적인 예다.

 # 펜션 겸용 전원주택 인기

전원 생활을 하면서 안정적인 임대 수입을 올릴 수 있는 '펜션형 전원주택' 이 인기다. 전원주택에 거주하고 싶지만, 고정수입이 없어 고민하던 사람에게 펜션형 전원주택이 대안으로 떠오르고 있는 것이다.

전원 생활을 희망하는 사람들에겐 한 가지 공통적인 고민이 있다. '낙향' 할 경우 마땅한 수입원을 찾기 어렵다는 것이다. 따라서 요즘엔 단지형 전원주택을 4~5채 매입한 뒤 일부를 펜션으로 운영하는 사람들이 느는 추세다. 펜션 4~5실을 주말 위주로 운영할 경우 월 매출만 해도 최소 400~500만 원에 달한다. 펜션 운영을 겸하면 전원 생활을 즐기면서 소일거리로 돈도 벌 수 있어 일석이조인 셈이다.

주5일 근무제가 확대되면서 펜션 수요가 늘고 있는 점도 매력이다. 오는 2011년엔 종업원 20명 미만의 사업장까지 주 5일 근무가 의무화된다.

펜션으로 활용할 만한 전원주택은 주로 수도권과 강원도에 집중돼 있다. 경기도에선 가평·양평 지역이 대표적이다. 약 40km에 달하는 그림 같은 북한강을 끼고 있어 환경이 뛰어나다. 청평댐 위쪽 호명리·복장리·이화리·금대리 등에 펜션형 전원주택 부지가 폭넓게 분포돼 있다. 강변 관리 지역 땅값이 평당 40~50만 원선이다.

강원도에선 평창·횡성 지역이 전원주택 및 펜션의 '메카' 로 손꼽힌다. 사람이 살기에 가장 쾌적하다는 '해피 700(해발 700m)' 으로 유명한 평창에선 흥정계곡 안에만 100여 동의 펜션이 들어서 있다. 횡성엔 100만 평 규모의 종합관광휴양단지(횡성리조트타운) 조성 사업이 호재다. 이 지역 땅값은 수도권보다 2~3배 낮은 편이다.

충남에선 안면도 일대가 전원주택지로 각광을 받고 있다. 서해안고속도로 개통으로 교통 여건이 좋아졌고, 천혜의 자연 환경을 갖추고 있기 때문이다.

전원주택 일부를 펜션으로 활용할 땐 연 평균 객실 가동률이 40% 이상 돼야 수지를 맞출 수 있다는 점에 유의해야 한다. 전원주택 부지를 매입하기 전 인근 지역의 펜션 가동률을 직접 확인해 보는 게 좋다.

객실 수는 4~5개가 적당하다는 게 전문가들의 조언이다. 이보다 많으면 자칫 전원 생활의 의미가 퇴색할 정도로 일이 늘어날 수 있어서다. 농어촌정비법 개정으로 객실 수가 7실 이하이면서 현지에 거주할 경우 민박으로 인정하고 별다른 규제 없이 영업할 수 있다.

가평 등 일부 지역은 상수원 수질보전권역에 해당되기 때문에 민박업 외에 숙박업 허가가 나기 힘들다. 무리하게 8실 이상 운영하려다 인허가가 나지 않아 고전할 수 있다.

해외 부동산

향후 우리나라 사람들의 해외 부동산 투자는 더욱 활성화될 가능성이 높다. 지금 해외 부동산에 돈을 넣으면 한 발 앞선 투자 행위가 되는 셈이다.

서울 삼성동에 사는 주부 강 모 씨(53)는 친구들 모임 때마다 종합부동산세가 생겼느니 양도소득세가 대폭 늘었느니 우려의 목소리가 높지만, 별로 신경을 쓰지 않는다. 미리 대비해 둔 덕에 한 시름 놓을 수 있었던 것이다. 남들이 투자용으로 강남 아파트를 보러 다닐 때 강 씨는 위험 분산 차원에서 중국 상하이의 주택을 매입했다. 중국 주택 시장이 고속 성장을 하면서 투자 수익도 벌써 40%를 넘어서고 있다. 국내엔 강 씨가 살고 있는 주택 한 채뿐이니 세금 걱정할 게 별로 없었던 것이다.

해외 부동산에 대한 관심이 부쩍 늘고 있다. 정부가 국내 부동산에 대한 규제의 고삐를 죄고 있는데 반해, 해외에 대해선 투자의 물꼬를 사실상 완전히 트고 있기 때문이다.

해외 부동산에 투자하는 방법은 여러 가지다. 가장 손쉬운 방법으로 뮤추얼펀드 형태의 부동산투자회사인 리츠(REITs)를 통해 간접 투자할 수 있다. 안정성 면에선 직접 투자보다 훨씬 나은 편이다.

해외 현지의 한인 중개업소나 국내 체인점을 통해 해외 주택이나 상가를 직접 고를 수도 있다. 서울 강남권 등지의 중개업소에선 외국의 부동산 중개업소와 네트워크로 연결돼 해외 부동산을 알선해 주기도 한다.

은행 PB센터 등에서 해외 상품을 추천받을 수도 있다. 이 경우 은행들의 자체 점검을 거치기 때문에 상대적으로 안전한 편이다.

국내에서 선호되는 곳은 미국, 중국, 일본, 호주, 캐나다, 베트남, 필리핀 등이다. 주로 한인들이 많이 거주하는 곳으로, 그동안 부동산 가격이 많이 상승한 곳이기도 하다.

서울 용산구에서 자영업에 종사하는 송영일 씨(56)는 지난 2004년 미국 캘리포니아주의 대지 200평, 건평 60평짜리 단독주택을 80만 달러에 구입했다. 아내과 자녀들이 모두 현지에 있었기 때문에 월 수천 달러에 달하는 임대료를 줄이기 위해선 이 같은 선택이 불가피했다고 한다.

자금 조달은 큰 문제가 되지 않았다. 미국 은행을 통해 모기지론을 받을 수 있었기 때문이다. 주택 금액의 70%를 연 5%, 5년간 이자만 지불하는 조건으로 대출을 받을 수 있었다. 결국 자기 돈의 30%인 24만 달러로 주택을 구입했고, 지금까지 약 20%의 투자 수익을 거둘 수 있었다.

송 씨가 미국 주택 투자에서 성공할 수 있었던 요인은 학군이 좋고 교통이 편리하며 주거 환경이 쾌적한 곳을 선택했기 때문이다. 이런 곳은 한국과 마찬가지로 선호도가 가장 높으며, 따라서 가격 상승 여력이 많은 편이다. 대도시 인근에 새로 조성된 신도시는 집값이 싸기 때문에 초기에 선호되다가 시장이 침체되면 썰물처럼 맨 먼저 거품이 사라지는 게 미국 부동산의 특징이다.

요즘에는 베트남, 인도네시아, 필리핀 등 동남아시아와 우즈베키스탄, 카자흐스탄, 키르기스스탄, 몽골 등 중앙아시아, 슬로바키아 등 동유럽, 가나 등 아프리카 등으로 해외 부동산 투자가 확산되는 추세다. 이런 곳은 개발 가능성이 높은 만큼 부동산값 상승에 대한 기대가 크다.

향후 우리나라 사람들의 해외 부동산 투자는 더욱 활성화될 가능성이 높다. 지금 해외 부동산에 돈을 넣으면 한 발 앞선 투자 행위가 되는 셈이다.

한국 국내총생산(GDP) 대비 해외 직접 투자 규모는 선진국에 비해 낮은 수준이다. 한국이 5.7%인데 반해 일본(7.8%)·미국(18.8%)·캐나다(35.5%) 순으로 높다. 영국(62.7%)과 프랑스(36.7%)는 이미 앞서 있다.

해외 부동산에 투자할 때 주의할 점은 사기에 대한 위험이다. 1989년 노태우 정부의 해외 투자 완화 조치 이후 해외 부동산 투자붐이 일었다가 투자자들 상당수가 현지업체들에 사기를 당했던 전례도 있다. 국내 부동산 가격이 가파르게 상승한 뒤 해외 부동산에 대한 규제가 완화됐던 과정이 지금과 유사하다.

GS건설(전 LG건설) 베트남 지사에서 10여 년간 근무해 온 한 임원은 한국 사람들이 부동산에 투자하기 위해 베트남을 찾을 때마다 현지 사람들은 "저(한국 사람) 돈 내 꺼"라고 서로 경쟁한다는 분위기라고 말한 적도 있다. 하긴 국내에서도 부동산 사기를 많이 당하는데, 외국에 나가선 오죽하랴.

주말 농장

도시민이 주말 농장을 매입할 땐 여러 모로 유리하다. 우선 농림부는 농촌 경제 활성화를 위해 도시민의 주말 농장용 농지 취득을 최대 300평까지 허용하고 있다.

대기업 상무인 김진표 씨(51)는 매주 금요일만 되면 가슴이 설렌다. 주말에 경기도 포천의 주말 농장으로 내려가 농사를 지을 것이란 기대 때문이다. 김 씨는 포천의 한적한 곳에 밭 250여 평과 소형 농가 주택을 한 채 마련해 주말마다 이곳에서 시간을 보내고 있다. 처음에 손이 덜 가는 콩을 먼저 심었다가 차츰 각종 채소를 재배하고 있는데, 그 재미가 만만치 않다. 주말을 꼬박 이곳에서 보낸 다음 일요일 저녁에야 서울로 돌아오는 생활이 벌써 2년째다.

중소기업 과장인 고민석 씨(39·서울 성동구) 역시 최근 강원도 화천 지역에 주말 농장을 마련했다. 텃밭을 일구기 위해 주말 농장 인근의 주말형 전원주택을 전세로 빌리기도 했다. 대지 90평, 건평 20평짜리 농가 주택으로, 전세금은 2,000만 원이다. 고 씨는 주말마다 아내와 자녀들을 데리고 이곳을 찾아 농사를 짓고 있다. 향후 수 년 안에 고 씨 손으로 멋진 전원주택을 짓는 게 목표다.

김 씨나 고 씨와 같은 '주말 농장파'가 급속히 늘고 있다. 주5일 근무제가 확산되고 있는 데다 정부도 농촌 경제 활성화를 위해 도시민들의 주말 농장 취득을 장려하고 있기 때문이다.

도시민이 주말 농장을 매입할 땐 여러 모로 유리하다. 우선 농림부는 농촌 경제 활성화를 위해 도시민의 주말 농장용 농지 취득을 최대 300평까지 허용하고 있다. 주말 농장은 양도소득세 중과(60%) 대상에서 제외되는 장점도 있다. 여기에다 건평 45평, 대지 면적 200평, 기준 시가 7,000만 원 이하의 농가 주택을 매입할 경우 기존 도시에 주택을 한 채 갖고 있더라도 1가구 1주택 비과세 혜택을 그대로 유지할 수 있다.

2006년 1월 22일부터 주말 농장용 농지에 신축하는 33㎡(9.98평) 이하의 주말 체험 농가 주택에 대한 농지보전부담금도 50% 감면된다. 농지보전부담금이 종전의 조성 원가(㎡당 1만 300~2만 1,900원)에서 공시지가의 30%로 바뀌는 데 따른 것이다.

다만 농림부 장관이 정하여 고시하는 기준에 따라 시장·군수·구청장의 추천을 받아야 한다. 이에 따라 공시지가가 상대적으로 높은 수도권보다 강원도 등 시가와 공시지가 차이가 큰 지역의 주말 농장이 더욱 각광받을 전망이다.

도시민은 농가 주택을 미리 구입해 놓은 다음 농촌에 직접 거주하지 않더라도 한국농촌공사(옛 농업기반공사)를 통해 전업농에게 5년 이상 임대하면 농지를 취득할 수 있다. 물론 농업경영계획서를 작성해 읍·면장에게 농지 취득 자격 증명서를 발급받아야 하는 등 절차가 까다롭다.

은퇴 후 전원 생활을 꿈꾸고 있다면 미리 농업 보호 구역의 땅을 구입했다가 향후 용도 변경을 통해 가치를 높이는 방법을 사용할 만하다. 2ha(6,050평) 미만 관광 농원, 0.3ha(908평) 미만 주말 농장 및 수퍼마켓, 게임방과 같은 1·2종 근린 생활 시설 건립이 가능하다.

다만 토지 거래 허가 구역 내 주말 농장을 매입한 뒤 이용계획대로 땅을 활용하지 않으면, 의무 이용기간 중 땅값(취득가액)의 10%를 매년 이행 강제금으로 납부해야 한다는 사실을 명심해야 한다. 허가구역 내 토지의 이용 의무 기간은 농지는 2년, 임야는 3년, 개발사업용 토지는 4년, 기타 토지는 5년 등이다.

· 즉 토지 이용 의무 기간이 2년인 농지를 원래 목적대로 사용하지 않으면 2년간 매입 가격의 10%씩 모두 20%, 의무 이용 기간이 3년인 임야는 3년간 10%씩 모두 30%의 이행 강제금이 부과된다는 얘기다. 기타 용지는 50%까지 부과된다.

정부는 사후 관리 방안으로 이행 강제금 부과와 함께 토파라치(신고 포상제) 제도를 도입했다. 지방자치단체들의 별도 조사 외에 토파라치 제도가 도입되면서 자칫 벌금까지 물어야 할 수 있다.

투자 가치보다 전원 생활을 꿈꾸면서 미리 주말 농장을 가꾸고 싶은 사람이라면 법적으로 아무 문제가 되지 않는다. 물론 주말 농장을 가꾸다 보면 주변 지역 개발로 땅값 상승에 따른 짭짤한 덤(투자 수익)까지 챙길 수도 있다. 운이 따라줘야 하겠지만, 정부의 개발 계획만 잘 챙긴다면 그리 어려운 일만도 아니다.

오피스텔

오피스텔은 오피스(Office)와 호텔(Hotel)의 합성어이다. 오피스의 업무 기능과 호텔의 주거 기능이 합쳐진 상품이다. 즉 주거 기능(체류의 의미지만)도 분명 있지만, 이 경우 주택으로 간주되기 때문에 일반 아파트처럼 모든 세금이 부과된다.

오피스텔은 상가와 같이 실물 경기의 신호등
역할을 하는 상품이다. 경제 상황을 가장 민감하게 반영하는 재테크 상품인 것이다. 오피스텔은 한때 다주택 중과세에 따른 틈새 상품으로 인식되기도 했지만, 기본적으로 수익형 부동산이다. 거주 목적의 주택이 아니라는 말이다. 재테크 측면에서 오피스텔에 접근할 땐 이 점을 명심해야 한다.

이진구 씨(34)는 지난 2003년 서울 중구의 D오피스텔을 매입했다. 당시 주거용 오피스텔이 아파트 규제를 피해 선풍적인 인기를 끌 때였다. 이 오피스텔(당시엔 아파텔로 불렸음) 25평형을 매입하면서 청약통장을 사용할 필요가 없는 점, 부가가치세 환급을 받을 수 있는 점, 아파텔이 틈새 상품으로 부각되면서 투자 수익을 노릴 수 있는 점 등이 마음에 들어 선뜻 계약했다. 하지만 시장 상황은 금세 변하기 시작했다.

주택이 아니라서 청약 통장을 쓸 필요가 없었지만 '주거용'의 경우 주택으로 간주돼 세금을 물게 됐다. 부가가치세 환급을 고정적으로 받고 있지만, 이 부분이 이미 분양가에 포함돼 있었다는 사실도 뒤늦게 깨달았다. 이나마 사업자등록증이 있어야 했기 때문에 평범한 직장인인 이 씨는 할 수 없이 불법으로 사업자등록증까지 만들어야 했다.

설상가상 오피스텔에 대한 정부 규제가 본격화되면서 프리미엄(웃돈)이 급락하기 시작했다. 한때 분양가 대비 2,000~3,000만 원까지 프리미엄이 붙었지만, 단순히 호가가 오른 데 불과했을 뿐 팔기가 쉽지 않았다. 입주가 다가오자 공급 과잉까지 겹치면서 분양가 이하의 매물이 일시에 쏟아졌다. 이 씨는 결국 분양가보다 500만 원 낮게 이 오피스텔을 팔 수밖에 없었다. 금융 비용과 기회 비용까지 감안할 경우, 이 씨는 적어도 2,000만 원의 손해를 본 것으로 계산하고 있다.

이 씨의 투자 실패는 오피스텔을 투자 상품으로 '오인' 했기 때문이다. 오피스텔은 투자 상품이 아니라, 임대수익형 상품이란 점을 간과한 것이다.

오피스텔은 오피스(Office)와 호텔(Hotel)의 합성어이다. 오피스의 업무 기능과 호텔의 주거 기능이 합쳐진 상품이다. 즉 주거 기능(체류의 의미지만)도 분명 있지만, 이 경우 주택으로 간주되기 때문에 일반 아파트처럼 모든 세금이 부과된다. 주거용 오피스텔을 업무용이라고 신고하다 적발될 경우, 3년 이하의 징역에 처해지거나 5,000만 원 이하의 과태료가 부과된다. 주거용 오피스텔은 1가구 2주택에 포함돼 양도세 중과 대상에도 해당된다.

오피스텔은 전용률(건물 면적 대비 실제로 사용할 수 있는 공간)이 보통 아파트의 70% 수준에 그친다. 같은 평수라면 실거주 면적이 좁을 수밖에 없다. 실수요자들이 주거 목적으로 오피스텔을 기피하는 이유다.

오피스텔에는 또 발코니가 없다. 발코니를 두면 불법이다. 창문을 일반 아파트처럼 활짝 열지 못하기 때문에 환풍이나 채광 면에서도 불리하다. 바닥에는 온돌을 시공할 수도 없고, 화장실에 욕조를 둬서도 안 된다. 여러 모로 주거 목적으로 사용하기에 부적합하다.

하지만 도심권 오피스텔을 업무용으로 보유할 경우 짭짤한 임대수익을 노릴 수 있다. 특히 경기가 어느 정도 회복세를 보이면 가장 먼저 수익률이 올라가는 상품이 바로 오피스텔이다. 오피스텔을 업무용으로 임대하면, 양도세 중과도 피할 수 있다. 다만 임차인의 사업자등록증과 사무용임을 보여주는 임대차계약서 등 증빙 서류를 제출해야 한다.

오피스텔은 입지와 규모에 따른 양극화가 심한 임대수익형 상품이기도 하다. 따라서 주변 상황 점검은 필수다. 업무 중심 지구에 속하는 업무용 오피스텔을 선별해서 투자하는 게 안전하다.

강남·광화문·여의도·마포·목동 등 업무 밀집 지역이 유망하다. 또 고속철 역사 주변의 개발 지역이나 인천 관세 자유 지역·제주 국제 자유 도시 등은 장기적으로 촉망받는 지역이다.

오피스텔을 고를 때 역시 반드시 현장 답사를 해야 한다. 주변 중개업소를 돌면서 연 7% 이상 고정 수익이 가능한지를 직접 따져 볼 필요가 있다. 오피스텔은 특히 역세권 여부가 중요하다. 다소 비싸더라도 지하철이나 거대 상권이 있는 곳이 안전하다.

 # 농가 주택

농가 주택은 주 5일 근무제 확산과 국민 소득 증가 등에 힘입어 향후 값이 더욱 높아질 전망이다. 특히 세컨드하우스 개념으로 소형 농가 주택을 찾는 도시민들의 발길이 더욱 늘어날 것으로 보인다.

농가 주택은 정부의 활성화 방침과 맞물리면서 점차 일반인들의 관심이 높아지고 있는 틈새 상품이다. 300평 미만의 주말 농장이 양도소득세 중과세 대상에서 제외되는 데다 주말 농장에 짓는 33㎡(9.98평) 이하의 주말 주택에 대해선 농지 보전 부담금도 면제되기 때문이다. 전원주택이 1가구 2주택 중과세 및 토지에 대한 양도세 60% 중과 방침 등에 따라 위축되고 있는 것과 대조적이다.

우선 300평 미만의 주말 농장은 도시민도 취득이 가능하다. 또 양도소득세 60% 중과 대상에서도 제외된다. 이런 주말 농장 부지의 일부는 전용 허가를 받을 경우, 농어촌 주택을 지을 수 있다. 주말 주택과 주말 농장을 동시에 소유할 수 있게 된 셈이다.

농가 주택은 수도권 및 광역시 이외에 소재한 읍·면 지역 중 토지 거래 허가 구역이나 투기 지역으로 지정되지 않은 곳에 있고, 대지가 200평 이내이고 주택 연면적이 45평 이내이며, 취득 시 주택 및 부수 토지 가액이 기준 시가로 7,000만 원 이하인 주택을 말한다. 이런 농가 주택을 2008년 말까지 취득할 경우 도시민들은 1가구 1주택 비과세 혜택을 그대로 적용받을 수 있다. 1가구 2주택 양도세 중과 대상에서도 제외된다.

하지만 주의할 점도 있다. 서울 소재 아파트와 농가 주택 가운데 아파트를 먼저 팔면 1주택 비과세 혜택을 받을 수 있지만, 농가 주택을 먼저 매각할 경우 2주택 중 1채를 처분했기 때문에 양도세가 과세된다. 이와 함께 8·31 대책으로 2007년부터 2주택 중 1채를 매각할 때 양도세율이 50%로 인상돼 중과되는 점도 새겨 둬야 한다.

그린벨트(개발제한구역)나 수자원 보호 구역 등은 외지인에게 건축 허가가 나지 않을 수 있다. 장래 투자성을 고려한다면 해수욕장이나 유원지가 될 만한 곳을 구입해서 노후에 민박집 등으로 활용해 수익을 얻을 수도 있다.

투자액으로 보면 5,000만 원 이하 소액의 경우 경관이 좋은 경기도 외곽 지역과 도로사정이 양호한 강원·충청 지역을 고를 수 있다. 1억 원 안팎의 금액으로는 수도권 접경지에서 조금 떨어진 경기 양평·이천·여주·안성·강화·가평 등을 살펴볼 만하다.

농가 주택 현지 답사를 간다면 시골 마을의 이장을 찾거나 해당 지역에서 오랫동안 부동산 중개업에 종사해 온 전문가를 찾는 게 좋다. 이때 중개업소 간판이 낡은 곳이 상대적으로 믿을 만하다. 간판과 실내가 깨끗하다면 현지에 들어온 지 얼마 안 된 신참 중개업자이거나 투기 목적으로 위장 잠입한 중개업자일 가능성이 있기 때문이다.

답사를 할 때는 농가 주택 주변에 지적 도로가 나 있는지 먼저 살펴야 한다. 지적상 도로가 없으면 리모델링 등의 행위가 어렵다. 과거 하천의 범람 여부를 살펴보는 것도 중요하다. 진입 도로가 포장돼 있는지도 유심히 봐야 할 점이다.

농가 주택 중에는 서울 등 도시민이 예전에 사 뒀다가 자금 사정으로 되파는 경우도 많으므로 서울의 농가 전문 정보업체를 방문하는 것도 한 방법이다.

전원 생활 초보자라면 전원주택 부지를 구입해 건물을 신축하는 것보다 적당한 농가 주택을 매입해 수리하는 게 좋다. 전원주택을 신축하려면 허가부터 준공 절차까지 갖가지 인허가 과정이 쉽지 않은 탓이다.

농가 주택의 투자 규모는 지역에 따라 편차가 있지만 1~2억 원 선에서 결정하는 게 바람직하다.

농가 주택을 지을 때는 기본적으로 토지 구입비, 토지 조성비, 건축비, 조경비, 지하수 개발 비용 등이 소요된다. 건축비는 평당 150~350만 원 정도를 예상하면 된다. 소형 주말 주택을 지을 경우 총 건축비를 2,000만 원 정도만 들여도 쓸 만하다.

농가 주택은 주 5일 근무제 확산과 국민 소득 증가 등에 힘입어 향후 값이 더욱 높아질 전망이다. 특히 세컨드하우스 개념으로 소형 농가 주택을 찾는 도시민들의 발길이 더욱 늘어날 것으로 보인다. 입지만 괜찮다면 투자 가치 측면에서도 나쁘지 않다는 얘기다.

Key Point

계획 관리 지역 주목하라

2007년 말까지 전국 시·군 단위까지 관리 지역 세분화 작업이 마무리된다. 관리 지역 세분화는 지난 2003년 옛 준농림지와 준도시 지역을 관리 지역으로 통합한 곳을 토지 이용 계획에 따라 보전 관리·생산 관리·계획 관리 지역으로 3등분해 재지정하는 절차를 말한다. 특히 주목해야 할 곳은 세분화 작업에 따라 계획 관리 지역으로 편입된 곳이다.

계획 관리 지역은 건폐율 40%에 용적률 100%로, 각종 개발이 가능하기 때문에 투자 가치가 가장 높다. 하지만 생산·보존 관리 지역은 건폐율 20%에 용적률이 80%에 불과하고 개발이 제한되므로 투자 가치가 떨어진다.

현재 관리 지역은 전국적으로 2만 7,239㎢(전 국토의 27%)다. 앞으로 관리 지역 땅이라고 무턱대고 구입해선 안 되고 계획 관리 지역으로 편입됐거나 편입될 만한 곳을 대상으로 선별 매입하는 전략이 필요하다.

관리 지역 세분화의 기초 과정인 토지 적성 평가는 개별 토지가 갖는 특성과 사회적 가치를 평가해 보전할 토지와 개발 가능한 토지를 체계적으로 판단하기 위한 것으로 한국토지공사 등에서 작업한다. 토지 적성 평가는 경사도, 표고, 도시 용지 비율, 경지 정리 면적, 전·답·과수원 면적 비율, 개발지와의 거리, 공공 편익시설과의 거리, 도로와의 거리 등을 검토해 개발할 곳과 보존할 곳을 잠정 결정한다.

부동산 펀드

부동산펀드는 원금 보장이 되지 않는 투자 상품이다. 운용 기간이 2~5년 정도의 중장기이며, 중도 환매가 금지되는 점도 유의할 점이다.

부동산 펀드는 8·31 대책 이후 인기가 크게 높아진 간접 투자 상품이다. 실물 부동산의 세금 부담이 크게 늘어난 반면, 부동산 금융 상품의 경우 취득세와 등록세를 50% 감면받고 투자한 부동산을 매각할 때 양도 차익이 발생해도 배당소득세(15.4%)만 내면 되기 때문이다. 즉 부동산 펀드는 절세 상품인 셈이다.

또 전문가가 대신 운용해 주기 때문에 직접 투자에 비해 리스크가 적으며 정기예금보다 연 3~4%포인트 높은 수익률을 올릴 수 있다. 500~1,000만 원대의 소액 투자도 가능해 일반 투자자들이 손쉽게 접근할 수 있다.

부동산 펀드는 유형별로 임대형·대출형(PF)·개발형·경매형·해외 부동산 펀드 등으로 구분해 볼 수 있다.

임대형 펀드는 사무용 빌딩 등을 펀드 운용 회사에서 매입한 뒤 임대해 수익을 얻고 가격이 오른 시점에 되팔아 시세 차익을 올린 다음 이를 배당하는 방식이다. 대출형 펀드는 오피스텔·상가·아파트 등을 건설하는 데 필요한 자금을 대출 형식으로 빌려 주고, 미리 정한 금리를 받아 투자자들에게 배당한다.

경매형 펀드는 법원 경매나 공매에 참가해 부동산을 낙찰 받은 뒤 임대 수입을 얻거나 매각해 수익을 올리는 형태이다. 그래서 운용사의 전문성이 무엇보다 중요할 수밖에 없다. 얼마나 싼 값에 매입하느냐, 운용 회사가 충분한 인력과 전문성을 갖추고 있느냐가 수익률에 직접적인 영향을 미친다.

부동산펀드는 원금 보장이 되지 않는 투자 상품이다. 운용 기간이 2~5년 정도의 중장기이며, 중도 환매가 금지되는 점도 유의할 점이다.

대부분의 부동산 펀드는 개발 사업에 대출해 주는 프로젝트파이낸싱(PF) 대출형 펀드인데, 이런 펀드의 경우 대상 물건, 시공사의 신용 등급, 회사채 이자율이나 차입금, 부동산 개발과 관련된 인·허가 사항 등을 확인해야 한다. 분양 실패 등에 따른 위험이 현실화하면 원금 회수가 늦어지거나 손해를 볼 수도 있다. 하지만 분양 시장이 좋을 때는 기대 수익이 높은 데다 건설 회사의 지급보증 등 채권 확보에 대한 안전 장치까지 마련돼 있어 상대적으로 안전하다.

빌딩이나 상가 등을 구입해 임대 수익을 배분해 주는 임대형 부동산 펀드의 경우 투자 기간이 최소 5년 이상이다. 따라서 이런 펀드 매입을 고려하고 있다면, 경기 흐름을 예의 주시할 필요가 있다. 요즘 빌딩 임대 수익이 점차 호전되고 있는 상황이지만, 보유세 강화의 직격탄을 임대형 펀드도 피해 나갈 수 없게 됐다. 즉 펀드가 운용하고 있는 실물 부동산 물건들의 보유세가 합산 과세돼 초과 누진세율이 적용될 뿐만 아니라 종합부동산세까지 내야 하는 상황이다. 세금이 늘어난 만큼 수익이 줄어들게 된 셈이다.

해외 부동산 펀드의 경우 환율 변동에 대한 안전 장치가 있는지, 운용회사는 믿을 만한지 등을 먼저 확인해야 한다.

부동산 펀드에 투자할 때는 펀드 약관과 상품설명서를 살펴서 펀드 운용 방식과 투자 목적·투자 대상 물건과 환매 가능 시기·수수료율·안전 장치 등을 점검할 필요가 있다. 특히 시장 규제가 강화됐기 때문에, 투자자들은 상품 자체는 물론 자산운용사가 풍부한 경험을 갖고 있는지도 따져 봐야 한다. 특히 부동산 분야의 펀드 매니저는 다른 금융 상품의 펀드 매니저보다 고도의 전문성이 요구된다.

또 다른 부동산 간접 투자 상품인 리츠와 달리 부동산 펀드는 회사 설립에 따른 시간이 소요되지 않고 단지 펀드 판매 전에 감독 기관인 금융감독원의 사전 인가만 받으면 되기 때문에 상품 출시도 빠르다.

상가 주택

상가 주택에 투자할 땐 일단 가장 큰 경쟁 시설인 근린 상가가 적은 곳을 택해야 한다. 임차인과의 관계가 중요하기 때문에 건물 매입 전에 등기부 등본을 철저히 검토할 필요가 있다.

2004년 서울 송파구 잠실동의 아파트를 팔고 노원구 공릉동의 상가 주택을 8억 5,000만 원에 매입한 신범구 씨(52)는 요즘 싱글벙글이다. 이 상가주택에서 매달 330만 원의 고정 수입(임대료)이 발생하고 있는 데다 최근에 시세도 많이 올랐기 때문이다. 신씨가 분석한 임대 수익은 연 7.5%선이다. 대지 75평, 연면적 80평의 상가 주택(3종 일반 주거 지역) 꼭대기층에 직접 살고 있어 아래층 상가들을 관리하기도 편하다.

상가와 주택 기능을 동시에 갖춘 상가 주택이 8·31 틈새 상품으로 떠오르고 있다. 특히 상가와 주택 비중을 잘 따져서 매입할 경우, 절세 효과까지 노릴 수 있다. 무주택자가 주택 비중이 많은 상가 주택을 매입할 경우, 현행 세법상 1가구 1주택 비과세 대상이 될 수 있다.

예컨대 5층짜리 상가 주택에서 주택 부분 비율이 높을 경우 1가구 1주택 비과세 대상자에 한해 단독주택으로 간주된다. 가구별로 구분 등기가 돼 있지 않은 탓이다. 상가 부분까지 양도소득세를 한 푼도 낼 필요가 없다.

따라서 무주택자라면 주택 부분 비율이 높은 곳을 골라 매입하는 게 좋다. 서울과 과천·분당·일산·산본·중동·평촌 등 과밀 억제 성장 관리 권역에서 3년 보유, 2년 거주(기타 지역은 3년 보유)하면 1가구 1주택자(상가 주택 포함)에 한해 양도세 비과세 대상이 된다.

이 때 유의할 점은 주택 부분 면적이 클 경우, 시가가 6억 원을 넘지 않는 소규모 주택을 골라야 한다는 점이다. 주택 면적이 상가보다 크고 상가와 주택을 합한 시가가 6억 원 이상이면 고급주택으로 간주돼 더 많은 세금을 내야 한다. 상가 주택 시세가 6억 원을 넘을 경우 상가 부분의 면적이 주택 부분보다 클수록 세금 면에서 유리한 셈이다.

반면 가구원이 주택을 한 채라도 보유하고 있다면 굳이 주택 비중이나 상가 비중을 따지는 게 별 의미가 없다. 1가구 1주택자가 상가 주택을 추가로 매입할 경우 주택 비중에 관계없이 2주택으로 간주돼 양도소득세를 물어야 하기 때문이다. 이 때는 주택과 상가 부분에 대해 세금이 각각 부과된다.

상가 주택을 매입할 땐 굳이 강남권을 고집할 필요가 없다. 강남권엔 거품이 형성된 곳이 적지 않기 때문이다. 대학가 주변이나 상권이 약한 낙후 지역의 상가 주택에서 오히려 수익률이 높게 나오는 경우가 허다하다. 특히 오래된 상가 주택은 땅값만 쳐서 살 수도 있기 때문에 향후 건물을 리모델링하면 투자 가치를 크게 높일 수 있다.

상가 주택은 허가가 아닌 신고만으로도 용도를 바꿀 수 있다. 주택 부분을 음식점 등으로 손쉽게 전용할 수 있다.

상가 주택의 매매가는 천차만별이지만, 이면 도로에 위치한 연면적 100평 안팎의 3층 건물을 기준으로 5~10억 원선이다. 이 정도 상가 주택이라면 1층의 20여 평 상가 2곳에서 총 보증금 1억 5,000만 원·총 월세 100만 원, 또 2층의 20여 평 투룸 2채를 총 보증금 5,000만 원·총 월세 80만 원 정도에 임대할 수 있다. 보증금에 대해 연 4.5%의 금리를 가정한다면, 연 수입이 3,000여만 원에 달하는 셈이다.

상가 주택에 투자할 땐 일단 가장 큰 경쟁 시설인 근린 상가가 적은 곳을 택해야 한다. 임차인과의 관계가 중요하기 때문에 건물 매입 전에 등기부 등본을 철저히 검토할 필요가 있다. 재개발·재건축 계획이 서 있는 곳은 시세 차익도 높다.

대한주택공사 등이 공급하는 상가 주택 용지를 낙찰 받는 것도 한 방법이다. 필지당 규모는 대략 60~80평이며, 연면적의 40%까지 상가로 지을 수 있다. 용적률은 100~150%대로 대부분 3층으로 지어진다. 이것은 무주택자만 신청할 수 있다. 분양가가 정해진 상태에서 공개 분양하는 방식이다.

전원 주택

전원주택을 고를 땐 굳이 너무 한적한 곳을 고집할 필요는 없다. 읍내와 가까워야 각종 생활 편의 시설을 쉽게 이용할 수 있다. 마을 원주민들이 사는 동네와 너무 멀리 떨어져 있어도 투자 비용이 커진다.

박경림 씨(44) 지난 2003년 여름 강원도 원주 인근의 전원주택으로 이사했다. 도시 생활에 염증을 느껴온 박 씨는 낙향하겠다는 평소의 소망을 행동으로 옮겼다. 이후 한 번도 후회한 적이 없다. 자녀 교육 여건이 생각보다 나쁘지 않은 데다, 그동안 땅값이 뛰면서 재테크 면에서도 평가 차익을 얻을 수 있었기 때문이다. 박 씨의 아내와 초등학교에 다니는 두 딸도 대만족이다.

박 씨는 전원 생활에 성공하기 위해선 기술적인 면보다 정서적인 면을 먼저 고려해야 한다고 강조한다. 확고한 결심이 서지 않으면 전원 생활에 실패하고 다시 도시로 되돌아가기 쉽다는 게 박 씨의 생각이다.

대령 예편 후 충남 태안의 안면도 인근 바닷가에 전원주택을 장만한 고 모 씨(50) 사례는 이런 문제가 간단치 않음을 보여 준다. 고 씨의 바닷가 전원주택은 그림 같은 바다 조망권 때문에, 이사 초기 여러 친척들이 돌아가면서 머물 정도로 인기를 끌었다. 그 후 고 씨는 전원주택 일부를 자연스럽게 펜션으로 전환, 본격적으로 돈을 받고 손님을 유치하기 시작했다.

하지만 펜션 운영이 '일'이 돼 버리자, 고 씨는 외출에 제한을 받기 시작했다. 친척들 경조사 때도 쉽게 움직이기 어려워졌다. 자녀들도 이사 초기에만 자주 방문했을 뿐 갈수록 안면도까지 잘 내려오지 않았다. 너무 멀다는 게 이유였다.

설상가상 이웃집과도 점차 멀어졌다. 시골 사람들과의 '문화적 차이'가 쉽게 좁혀지지 않았다. 집 주변으로 울타리를 쳤지만, 그럴수록 더욱 외로웠을 뿐이다. 아내는 평소 백화점 이용을 못하는 게 불만이었다. 고 씨는 현재 전원 생활을 접고 다시 도시로 나갈 것인지를 심각하게 고민하고 있다.

전원 생활에 성공적으로 정착하고 있는 박 씨와 적응에 실패한 고 씨를 비교해 보면, 평소 전원 생활을 위해 얼마나 준비했느냐가 이런 차이를 가져온 것으로 보인다. 성공 사례든 실패 사례든 간에 요즘 전원주택을 찾는 사람들이 부쩍 늘고 있는 것만은 사실이다.

하지만 전원주택 시장 역시 정부 규제로 어느 정도 타격이 불가피해졌다. 투자 목적을 겸해 미리 매입해 놓을 경우 세금 부담이 만만치 않게 됐기 때문이다. 다만 실수요자들은 좀 더 적은 비용으로 전원주택을 마련할 수 있는 측면도 있다. 땅값이 당분간 안정세를 보일 가능성이 높아서다.

전원주택을 포함해 1가구 2주택자가 된 사람들은 2007년부터 50%의 무거운 양도세를 물어야 한다. 하지만 수도권 이외 읍·면 지역의 일정 규모 이하 농촌 주택(연면적 45평 이하, 대지 200평 이하, 기준시가 7,000만 원 이하)은 주택수 산정에서 제외돼 1가구 2주택 중과세 대상에서 제외된다. 이때 도시 주택은 3년 이상 보유하고 1년 이상 거주해야 하며, 새로 산 농어촌 주택도 3년 이상 보유해야 한다. 집을 한 채 팔고 나머지 한 채가 남았을 때 3년 이상 보유만 하면 남은 집을 팔 때는 양도세를 내지 않는다.

  단, 국토계획법에 의한 도시 지역, 허가구역, 관광단지, 투기 지역 등 부동산 가격 안정이 필요하다고 인정되는 지역 등은 제외된다. 도시민을 농촌으로 끌어들이기 위해 마련된 이번 조치는 2008년 말까지 한시적으로 운용되지만 추후 연장될 가능성도 있다.

  또 300평 미만의 주말 농장을 도시민이 소유할 경우 양도세 60% 중과 대상에서 제외된다. 소형 전원주택과 주말 농장 소유자들은 일정 기간이 지난 후 되팔 때 양도세 중과 부담에서 벗어날 수 있게 된 것이다. 농업 진흥 지역 밖 주말 농장에 짓는 연면적 10평 이하의 소형주택은 대체 농지 조성비(평당 3만 원 선)도 감면된다.

  하지만 땅을 구입해 곧바로 전원주택을 짓지 않고 묵혀 두면서 땅값이 올라가길 기대하는 것은 금물이다. 땅 구입 후 곧바로 집을 짓지 않으면 각종 세금 부담이 크게 늘어날 수 있다. 땅을 사서 값이 오르면 되팔겠다는 생각보다 땅을 이용하고 개발해 투자 가치를 높이겠다는 자세가 바람직하다.

전원주택을 고를 땐 굳이 너무 한적한 곳을 고집할 필요는 없다. 읍내와 가까워야 각종 생활 편의 시설을 쉽게 이용할 수 있다. 마을 원주민들이 사는 동네와 너무 멀리 떨어져 있어도 투자 비용이 커진다. 하수 처리 시설이나 전기 시설 비용을 개인이 추가로 부담해야 하기 때문이다.

지방을 돌아다녀 보면 전원주택을 지을 수 있는 관리 지역(옛 준농림지)이나 기존 주택·농가 등 매물은 얼마든지 구할 수 있다. 농지법 개정으로 도시민이 주소 이전을 하지 않고도 시골 땅을 구입하는 데 지장이 없다.

전원주택을 지을 수 있는 빈 땅을 찾아 처음부터 신축하는 것보다 기존 주택 중에서 고르는 게 나을 수도 있다. 기존 전원주택은 이미 자연 환경이 좋은 지역에 자리 잡고 있는 데다 나무나 정원, 텃밭 등 주변 환경을 잘 조성해 놓고 있어 각종 인·허가 절차 때문에 골치를 썩일 일이 없기 때문이다. 특히 수도권 지역에 전원주택을 짓기 위해선 건축 허가가 까다롭고 거주 제한이나 환경 관련 규제 때문에 집 짓기가 쉽지 않을 수도 있다.

전원주택 답사를 떠나기 전에는 공신력 있는 부동산 전문업체를 통해 해당 지역의 매물을 소개받는 게 안전하다. 또 현지 중개업소를 직접 방문, 주변 땅값과 비교해 터무니없이 높은 가격은 아닌지를 확인할 필요가 있다. 도로에 접한 토지인지, 주변에 혐오 시설이 있거나 개발 제한 구역은 아닌지 등도 살펴봐야 한다.

무턱대고 싼 맛에 도로가 없는 땅을 사놓고 전원으로 내려오지 못하거나 집을 다 지어 놓고도 물을 구하지 못해 고민하는 사람들도 있다.

실제 서울 마포구에 사는 서 모 씨(52)는 몇 년 전 충북 충주호 바로 앞에 전원주택을 지었다가 지하수가 나오지 않아 큰 고통을 겪었다. 큰 호수 바로 앞인데도 물이 나오지 않는다니……. 황당한 경험이었지만 결국 멀리서 물을 끌어오는 데 목돈을 들일 수밖에 없었다.

전원주택 답사에 나설 때는 지도를 꼭 잊지 말아야 한다. 현장에 도착하면 먼저 도로 사정을 살피면서 확장 중이거나 예정인 도로부터 확인하는 게 순서다. 도로 개통 여부는 생활 편의뿐만 아니라, 부동산 가치에 가장 큰 영향을 주기 때문이다.

수도권 전원주택지로는 경기도 양평·가평이 첫손에 꼽힌다. 수도권에서 유일하게 남한강과 북한강을 동시에 끼고 있는 지역이다. 남한강 유역인 양평군 강상·강하면과 북한강 유역인 양서·서종면에 전원주택지가 집중돼 있다.

수도권 남부에선 용인 수지읍 일대가 대표적인 전원주택지다. 수요자들 사이에서 인기를 얻고 있는 고기리의 땅값은 평당 150~300만 원대다. 경기 광주에선 퇴촌·실촌·오포·초월면에 전원주택 단지가 집중돼 있다.

김포 일대에선 월곶면 문수산 산림욕장 근처에 많다. 강원도는 서울에서 상대적으로 먼 편이지만 땅값이 싼 게 매력이다. 전원주택을 지을 수 있는 평창·횡성 등의 준농림지가 평당 20만 원 선이다. 42번 국도와 갑천면 다목적댐 주변에 많다. 평창은 인체에 가장 적합한 기압 상태라는 해발 700m에 위치, 휴양형 주말 주택을 마련하기에 적합하다.

충청도에는 금강변인 공주시와 금산군·논산 등이 전원주택지로 인기다. 다만 경기도 용인·양평·남양주·광주·이천 등지의 상수원 보호 구역에서는 신규 건축이 제한되고 있다는 점을 유의해야 한다.

요즘에는 서울 근교의 고가 전원주택들이 인기다. 정부의 양도소득세 강화 조치로 인해 좋은 주택 한 채로 부동산 포트폴리오를 단순화하려는 움직임이 있는 데다, 여유 계층에서 베버리힐스와 같은 전원형 고급주택을 선호하고 있기 때문이다.

Key Point

전원주택 부지 매입할 때 확인할 사항

- 도심에서 1시간 30분 이내 거리인가
- 과세 특례 혜택을 받을 수 있나
- 부지에서 바라본 전망이 트여 있는가
- 부지의 경사도가 30도 이하인가
- 범람 위험 있는 하천·계곡이 가깝지 않나
- 주변에 보호 수목이 많지는 않나
- 묘지, 공장 등 혐오시설은 없나
- 지하수가 필요한 만큼 나오는가

단지 내 상가

단지 내 상가를 매입할 때 임대 수익보다 투자 가치를 더 많이 고려한다면, 초기에 분양받는 게 가장 현명한 방법이다. 상가의 경우 특별한 규제가 없기 때문에 중개업자들이 초기 분양 물량에다 웃돈을 붙여 다른 사람에게 넘기는 수법을 많이 동원한다.

서울 삼성동에 사는 주부 김숙자 씨(44)는 2006년 초 수도권의 단지 내 상가(7.2평)를 매입했다. 총 투자 금액은 2억 1,000만 원이었다. 김 씨는 이 상가를 제과점 업자에게 세를 놓았다. 임대 보증금 4,000만 원에 월 110만 원씩 받는 조건이었다. 연 7.8%의 짭짤한 임대 수익이다. 주변 중개업소에 확인해 보니 상가 시세 역시 평당 400~500만 원 뛰어 있다.

아파트 단지 내 상가는 임대료가 안정적으로 나오는 대표적인 부동산 상품이다. 특히 경기 상황에 관계없이 수익률이 꾸준한 편이어서 상가에 처음 투자하려는 사람들에게 추천할 만하다. 아파트 입주민들의 편의 시설로 설치되기 때문에 고정 고객을 확보할 수 있고, 건설업체나 대한주택공사가 분양하는 데다 입점 시기도 분명해 투자 위험이 상대적으로 낮은 편이다.

하지만 분위기에 휩쓸려 상가의 입찰가를 너무 높이 써 내거나 주변 시세보다 높은 가격에 분양받으면 자칫 은행 예금 금리보다 낮은 임대 수익을 올릴 수도 있다. 또 상권이 활성화되지 못할 경우 한동안 임차인을 구하지 못하는 낭패를 당할 수도 있다.

유망한 단지 내 상가를 고르는 첫 번째 수칙은 세대 수 대비 상가비중이 작아야 한다는 것이다. 통상 가구당 상가 면적이 0.5평을 넘으면 수익성이 떨어진다고 봐야 한다. 독점적인 상권이 보장되기 어려운 탓이다.

상가의 연면적 계산법은 간단하다. 예를 들어 한 단지가 700가구로 구성돼 있다면 이 단지의 적정 상가 연면적은 350평(700×0.5)이다. 가구당 적정 상가 면적을 0.5평으로 계산했을 때 그렇다는 것이다. 상가 연면적이 이보다 크다면 투자를 재고해 봐야 한다.

수익률도 꼭 따져 봐야 할 점이다. 대개 시중 은행의 1년짜리 정기예금 금리보다 2~3%포인트 높은 수준으로 잡는 게 적당하다.

수익률 계산은 월 임대료를 매입가에서 보증금을 뺀 금액으로 나눈 뒤 12달을 곱하는 식이다. 위에서 예로 든 김숙자 씨의 경우 2억 1,000만 원의 투자금으로 상가를 매입한 뒤 이를 보증금 4,000만 원에다 월 110만 원씩 받는 조건으로 임대를 내줬기 때문에, 이 상가의 수익률은 '{110만 원÷(2억 1,000만 원-4,000만 원)}×12×100=연 7.8%'로 계산된다. 분양가(낙찰가)가 턱없이 높으면 적정 수익률이 나오기 어렵다.

수도권의 경우 낙찰률이 내정가 대비 150%를 넘는다면 적당한 수익률을 기대하기 힘들다. 특히 입찰 현장에서 분위기에 휩쓸려 입찰 가격을 내정가보다 200% 이상 높게 써 내는 경우가 종종 있는데, 추후 임대수익을 맞추지 못해 낭패를 볼 수 있다.

단지 내 상가의 상권이 가장 활발한 곳은 20~30평형대가 주류를 이룬 단지다. 젊은 층이 많이 살기 때문에 소비 성향이 높은 편이다. 하지만 대형 할인점이나 중심 상가가 가깝다면 또 다른 얘기다. 독점상권이 보장되지 않기 때문에 단지 내 상가의 상권을 뺏길 우려가 있다.

배후 단지는 최소 500가구 이상 돼야 한다. 이보다 적으면 활발한 상권을 기대할 수 없다. 특히 상가의 위치가 주 출입구 쪽에 있는 게 좋다. 일부 단지 내 상가는 주 출입구 대신 후문 쪽에 위치해 있기도 하기 때문에, 단지 배치도를 보면서 확인할 필요가 있다. 주 출입구와 주민들의 동선이 일치하는 게 가장 좋다.

상가의 입점 업종은 다양할수록 수익성이 높다. 수도권 택지지구 내 단지 내 상가를 보면, 1층에 부동산 중개업소들이 대부분을 차지한 곳이 더러 있는데, 이런 곳은 업종 구성이 바람직하지 않다. 대개 중개업소 1곳, 제과점 1곳, 미니슈퍼 1곳, 치킨집 1곳 등으로 각 업종의 독점성이 보장돼야 상권 활성화에 도움이 된다. 입점 상가들끼리 과당 경쟁을 피할 수 있고, 입주민들에게도 단지 내 상가에서 웬만한 기본 쇼핑을 즐길 수 있다는 인식을 심어줄 수 있다.

단지 내 상가를 고를 땐 가급적 1층 코너의 핵심 상가를 선택하는 게 좋다. 물론 이런 상가의 가격이 가장 높지만, 안정적인 임대수익은 물론 높은 투자 수익까지 기대할 수 있다. 단지 내 상가를 매입했을 때 되팔기 어려운 게 단점으로 꼽히는데, 1층 코너 상가의 경우 환금성 면에서 다른 상가들보다 낫다.

단지 내 상가를 매입할 때 임대 수익보다 투자 가치를 더 많이 고려한다면, 초기에 분양받는 게 가장 현명한 방법이다. 상가의 경우 특별한 규제가 없기 때문에 중개업자들이 초기 분양 물량에다 웃돈을 붙여 다른 사람에게 넘기는 수법을 많이 동원한다. 따라서 중개업자가 아닌 시공사(또는 분양 대행사)가 초기에 분양하는 단지 내 상가를 노리는 게 투자 수익까지 덤으로 챙길 수 있는 길이다.

다만 초기 입주가 제대로 이뤄지는 단지인지 먼저 따져 봐야 한다. 가수요가 많은 아파트 단지의 경우 입주를 개시한 지 1년이 지나도록 비어 있는 경우도 종종 있다. 이런 단지에선 단지 내 상가의 상권이 활성화되기 힘들기 때문에 적정한 임대 수익을 기대하기 어렵다. 장기 미분양 되고 있다면 이런 이유 때문은 아닌지 따져볼 일이다. 일반적으로 입주가 빠른 단지들은 역세권 등 교통이 좋거나 도심에서 가까운 아파트들이다.

고급 빌라

고급 빌라가 단지 형태를 이룰 때 좋은 점은 바로 보안 문제다. 공동 보안이 가능하기 때문에 훨씬 더 저렴한 가격으로 뛰어난 보안을 보장받을 수 있다.

도심 인근에 위치하고 있는 전원형 고급 빌라는 차세대 고급 주거시설로 각광받을 전망이다. 고급 빌라로서의 요건은 다음과 같다.

우선 도심과 가까워야 한다. 서울이라면 청담동·도곡동·방배동 등을 중심으로 고급 빌라가 발달해 왔지만, 점차 도심 외곽 지역으로 이동하는 추세다. 부유층들은 서울 안에서 답답하게 사는 것보다 외곽의 공기 좋고 물 맑은 곳을 점차 선호하고 있다.

하지만 너무 멀리 가는 것을 원하지 않는다. 자녀들과 떨어져 살기 싫고, 기존 커뮤니티 등 생활 기반도 강남권에 위치하고 있어서다. 따라서 도심 인근인 강남권에서 가까운 전원 지역을 선호한다.

판교 인터체인지(IC)에서 북동쪽 방향인 성남시 시흥동 일대와 판교 신도시 남쪽에 이 같은 고급 전원 단지가 점차 밀집되고 있다.

예를 들어 성남 세종연구소 인근에 위치한 고급 전원주택 단지 컬리넌은 한 채당 40~50억 원을 호가한다. 대지 300평에 건평이 100평으로 야외 수영장이 딸려 있다. 컬리넌 바로 길 건너에 위치한 고급 전원주택 단지 포스힐 역시 가구당 분양가가 22억원 선이다.

또 다른 조건은 단지 형태를 이루면서 일정한 커뮤니티를 형성해야 한다는 것이다. 강남권 아파트가 비싼 이유는 바로 '주민 커뮤니티' 때문이다. 수준 있는 사람들이 모여 살고 있다는 자부심이 집값에 반영되고 있다. 그런 이유로 고급 빌라를 선호하는 사람들은 자신의 이웃에 비슷한 계층이 들어오기를 희망한다. 성남·판교 인근에 고급 빌라 단지가 형성되자, 대치동에 거주하던 이웃 주민 9가구가 한꺼번에 입주한 것은 좋은 예다. '끼리끼리' 문화가 자연스럽게 형성되고 있는 것이다.

고급 빌라가 단지 형태를 이룰 때 좋은 점은 바로 보안 문제다. 공동 보안이 가능하기 때문에 훨씬 더 저렴한 가격으로 뛰어난 보안을 보장 받을 수 있다. 즉 단독주택의 쾌적성과 공동 관리의 편리성을 두루 갖춘 전원형 빌라란 얘기다.

전원형 고급 빌라는 대개 60평형 이상으로 이뤄진다. 70~80평형대가 가장 일반적이다. 최소 20가구 이상이며, 50~60가구짜리도 많다. 가격은 최소 15억 원에서 50억 원까지 다양하다. 미국의 '베버리힐스'와 같이 부유층들이 모여 살면서 집값이 점차 뛰고 있다.

이런 고급 빌라의 입주자 중 약 40%는 의사나 변호사 등 전문직 종사자라는 게 분양업계의 전언이다. 수도권 남부 고급 빌라의 경우 강남·

분당·용인 지역 거주자들의 대체 수요가 특히 높았다.

전원형 고급 빌라의 예를 들어 보자. 분양가를 기준으로 한 채당 가격이 15억~20억 원에 달하는 성남시 시흥동의 린든그로브는 판교 신도시 개발 현장 초입에 위치하고 있으며 C건설이 지어 2005년 말 65~87평형 52가구가 입주를 시작했다.

이 단지는 4층짜리 공동주택 3개 동으로 구성됐다. 1층(인허가상 지하층)을 주차장과 로비로 사용할 수 있도록 설계한 점이 특징이다. 1층 층고가 3.5m로 높은 데다 유럽 이오니아식 기둥과 외관 조경이 어우러져 고풍스런 느낌이다. 가구당 2.9대 꼴로 주차할 수 있고 엘리베이터 바닥도 대리석으로 깐 게 이채롭다.

87평형의 내부 부부 욕실에는 단독 테라스가 따로 마련돼 있다. 청계산을 바라보며 목욕을 즐길 수 있는 구조다. 욕조 벽면의 LCD화면을 통해 TV를 볼 수 있다. 집안 에어컨 8대가 모두 빌트인(내장형)으로 설치됐다. 냉장·냉동고, 식기 세척기 등 각종 수입 가전제품도 마찬가지이다. 벽면엔 공기 정화 기능이 있는 은분(銀粉) 벽지와 대리석이 주로 사용됐다. 주택 옥상도 그냥 놀릴 리 없다. 작은 정원과 퍼팅 연습장이 마련됐다.

고급 빌라 입주자들이 가장 신경 쓰는 부분은 바로 보안 문제이기 때문에 단지 내·외부에 적외선 감지 센서 등 4단계 보안 시스템이 도입됐다. 관리비는 평당 7,000~8,000원 선이다.

87평형은 일반적인 4베이 구조지만, 방이 단 3개에 불과하다. 대신 부부 침실과 거실, 다용도실 등이 넓다. 욕실(화장실)도 3개다. "핵가족화 추세를 반영한 설계"란 게 분양 대행사의 설명이다.

사실 넓은 평형에 방 개수를 적게 넣는 평면은 최근에 나타난 현상이다. 요즘엔 압구정동이나 대치동의 구형 아파트처럼 60평짜리 아파트에 방을 5~6개씩 넣지 않는다.

이전에 중소 건설업체 A사장의 집을 방문했을 때도 평면 구조가 이처럼 단순했다. 청담동 109평짜리 펜트하우스였는데, 침실이 단 두 개에 불과했다. 넓은 거실을 예술품 전시장처럼 사용하고 있었다. 자녀가 한 명뿐인 데다 친척들과의 왕래도 거의 없기 때문에 방이 많으면 더 불편하다는 게 당시 A사장의 얘기였다.

부자들의 부동산 투자기술을 훔쳐라

초판인쇄 2006년 12월 11일
초판발행 2006년 12월 18일

지 은 이 조재길
펴 낸 이 장주진
펴 낸 곳 경향미디어
출판등록 제22-688호

전   화 02-304-5612
팩   스 02-304-5613

ISBN 89-90991-44-7   13320

※ 잘못된 책은 바꾸어 드립니다.
※ 저작권법에 의해 보호받는 저작물이므로 무단 전재 및 복제를 금합니다.